国境《ノーボーダー》なき時代を生きる

忘《ぼう》じがたき記憶の物語

原野城治
Joji Harano

花伝社

国境なき《ノーボーダー》時代を生きる——忘じがたき記憶の物語◆目次

まえがき

記憶を擦り切らせない

長崎出身の英国の小説家カズオ・イシグロが２０１７年10月にノーベル文学賞に決まったとき、日本の文芸評論家や識者はイシグロの作品群の底流に〝記憶〟の持つ普遍性と持続的な奥深さがあると論評した。膨大な資料や記録に裏打ちされた歴史ではないにもかかわらず、一人の人間の鮮やかで細やかな記憶の中に不思議なパワーが宿り、しかも大きな世界観が広がっていると評価した。

１９５４年に長崎で生まれたイシグロ（日本名・石黒一雄）は、海洋学者の父親の仕事でイギリスに移住した。彼が生まれた年は、江戸幕府が日英和親条約を締結してからまさに１００年目という日本と英国にとって縁深い年であり、移住したのは出自の記憶がしっかりと刻み込まれた5歳の時だった。その後、彼は１９８２年に書いた長編デビュー小説『遠い山なみの光』で英王立文学協会賞を受賞し、その翌年に英国籍を取得し帰化している。

受賞作に描かれているのは戦後間もないころの長崎の日常風景だが、主人公・佐知子との会話の回想が大半を占める物語を読み進むうちに、人間にとってとても大事な記憶を擦り切らせてはいけないという不思議な気持ちにさせられていく。それは、歴史的事実のような社会的で集合的な記憶の蓄積ではないにもかかわらず、ひとりの人間が生きてきたことが、まるでその時代の共同体としての大きな記憶にしっかりと繋がっているように感じさせる。

国境を越えた人間の自問

さらに、イシグロの世界には国境を越えた人間ゆえに――『遠い山なみの光』では長崎や日本をめぐる記憶を丹念に手繰り寄せることを通じて――自分自身のアイデンティーとは何かを問い続ける真摯《しんし》な姿が浮き彫りになっている。「自分はどんな時代をどんな風に生きていこうとしているのか」、そんな自問の声が聞こえてくる。私たちはグローバリゼーションが加速する時代にあって、あまりにも膨大な情報やデータ洪水の中で、人間にとっての大事な記憶やゆったりとした時間を〝忘却の海〟に置き忘れてしまっているのではないだろうか。イシグロの記憶の世界はそういう想いを人々に喚起する。

そんなイシグロの小説を読みながら、私は21世紀のノーボーダー（国境のない）時代にあって、江戸時代以降の先人たちが押し寄せる世界的な帝国主義の流れやそれに伴うグローバル化という厳しい環境の中でどのように生き抜いてきたのか、一度振り返ってみようと考えた。

２００年にも及ぶ「朝鮮通信使」の善隣友好、開国を迫る米国との交渉の舞台裏で活躍したジョン万次郎、「命のビザ」発給でユダヤ人６０００人を救済した杉原《すぎはら》千畝《ちうね》、トルコ艦艇「エルトゥールル号」遭難と山田寅次郎《やまだとらじろう》の活躍、戦後の民間国際交流の礎を築いたジャーナリスト・松本重治《まつもとしげはる》、日台の絆である「烏山頭ダム」を造った八田與一《はったよいち》、戦争を背負った天才画家・藤田嗣治《ふじたつぐはる》、明治時代に日本で一番有名と言われた神田「ニコライ堂」の聖ニコライ、第2次世界大戦をはさんで日米の懸け橋となった日系2世ダニエル・イノウエ元米上院議員など。あるいは、本場の〝インドカリー〟を伝授した亡命革命運動家R・B・ボース、ペスト菌発見の細菌学者・北里柴三郎《きたさとしばさぶろう》の栄光と苦節、シベリアの孤児を救出した人道の船「陽明丸」、日本のイスラムと「東京ジャーミイ」（モスク）、ワシントンの「桜」と東京世田谷の「ハナミズキ」の相互寄贈など国境をまたぎ、時代を超えて今の今まで人々の心の片隅に残っている出来事や物語。私はそれを「忘《ぼう》じがたき記憶の物語」と名付けてみた。堅苦しい歴史書のような話ではなく、多くの人々の記憶や心象風景の中にいつまでも残っている逸話のような話だが、なぜか忘れられない、そして忘れてはならない物語として。

1章 有隣への長き道

広島県呉市の下蒲刈島で毎年行われている「朝鮮通信使再現行列」（筆者撮影）

朝鮮通信使に見る善隣友好外交

「変える勇気」という叡智

「汝の隣人を愛せよ」（新約聖書マタイ伝）という言葉があるが、21世紀に入ってからの日韓関係は悪化を続け凍てつくような状況に陥っている。繰り返される歴史問題、日本の政治家の靖国神社参拝、慰安婦像設置をめぐる市民を巻き込んだ摩擦、さらには戦前の朝鮮出身者徴用工の強制労働をめぐる韓国司法の賠償判決が、自由と民主主義を共有しているはずの日韓関係の根幹を揺るがす困った事態を招いている。

「嫌韓」と「反日」の相いれない感情論が渦巻き、譲れない一線があると双方がいがみ合う。一部メディアは「日韓両国が歴史認識を共有するのは困難」と諦念じみた論評で思考停止をするものもある。「和解か、断交か」といった極論も飛び出す。とめどなく広がるこの負のスパイラル（悪循環）はいつまで続くのだろうか。米国のドナルド・トランプ大統領が落選したことで、米朝関係だけでなく北東アジアの情勢全般が再び視界不良になった。トランプ大統領と北朝鮮の金正恩労働党委員長が実現した2018年6月12日の歴史的な米朝会談は徒花《あだばな》であったのだろうか。

見渡せば、ベルリンの壁の崩壊で「東西冷戦」が終焉してから30年以上が経過したにもかかわらず、北東アジアには南北朝鮮分断という冷戦構造がいまだに厳然と残っている。だからと言って、日本には日本の歴史があり、韓国や北朝鮮にはそれぞれの歴史があり、そこにはすり合わせのできない主張や変えることができない根本的な差異がある。それを克服する手立てを見つけ出すのは容易ではない。だが、どうにもならない苦境に陥ったとき、人は変えることができないものは素直に受け入れ、その上で叡智を働かせ「変えられるものを変える勇気」を持つことはできないのだろうか。

日本と朝鮮半島とのしがらみの記憶の中で、一つの光明があるとすれば、それは「朝鮮通信使」という日朝善隣友好の約200年にも及ぶ忍耐と行動の歴史だと言えるのではないか。朝鮮通信使の足跡は、曲折の日朝関係史の中で「変える勇気」を示した叡智の証しであったことは疑いもない。

ユネスコ記憶遺産に

国連教育科学文化機関（ユネスコ）は、2017年10月、朝鮮通信使と日韓併合に関連する記録111件333点を「世界の記憶」（世界記憶遺産）に登録した。それはぎくしゃくした関係の日本と韓国にとって大きな朗報であった。しかし、日本列島と朝鮮半島は50キロにも満たない一衣帯水の近い距離にあるにもかかわらず、朗報が大いに歓迎されることはなかった。世界記憶遺産への登録の運動自体が、日韓両政府の主導ではなく民間組織中心の運動の成果であったからだ。考えてみれば、戦後の義務教育や高等教育の中で朝鮮通信使についてしっかりと教えられ学んだ記憶はほとんどない。周囲の大人や子どもに聞いても「朝鮮通信使って何?」という声は珍しくない。むしろ、近年では朝鮮通信使が帰国後に残した「日本紀行」や記録の一部をとらえて、朝鮮通信使の「日本蔑視」や「日本批判」をことさらに強調する著作も出版されている。

しかし、朝鮮から日本に派遣された外交使節団である朝鮮通信使は、16世紀末の豊臣秀吉による朝鮮出兵（文禄・慶長の役）のあと、徳川幕府が約200年間にわたり継続した日朝間の和解と善隣友好の足跡であった。その歴史は鎖国という事情があったにせよ、日本と朝鮮の「長い平和と安定の時代」の証しであった。

信《よしみ》を通じ合う精神

朝鮮通信使の「通信」にはお互いの「信《よしみ》」を通じ合うという意味が込められている。1607（慶長12）年から1811（文化8）年までの約200年間に朝鮮から12回派遣され（うち1回は対馬に差し止め）、日本からは1629年に返礼使として1回だけ派遣されている。日本側の派遣回数が少ないのは、朝鮮側が日本からの再侵略を恐れ受け入れに慎重だったためと言われる。しかし、「日朝双方が少なくとも建前として、お互いが対等で信義を通わす相手として認識していたのは明らかである」（中尾宏氏）という。

開始の背景には、日朝双方が文禄・慶長の役で断絶した外交関係を早急に修復する必要に迫られたことがあった。日朝周辺海域には、大航海時代を経て帝国主義化してきたスペインやポルトガルの〝南蛮人〟、オランダやイギリスの〝紅毛人〟の帆船が頻繁に押し寄せ始めていたからだった。それだけに日本側は対馬藩を通じた貿易交流の再開を急ぎ、朝鮮側も関係修復をして捕虜（俘虜）として日本に連行されていた朝鮮人の帰還を実現する必要があった。連行されていた朝鮮人は2～3万人と推定される。国内的には、徳川幕府にとって莫大な予算をかけた華々しい朝鮮通信使の行列は、諸大名を抑え込み民衆に幕府の威厳を示す最高のセレモニーであった。

朝鮮通信使は当時の漢陽《ハニャン》（現ソウル）を出発し、釜山から海路で対馬を経由し、さらに瀬戸内海を航行し大阪に上陸、その後陸路で京都から江戸へ向かった。総距離は往復で約3000キロ以上、その総費用は1回100万両といわれ、当時の幕府の年間予算（70～80万両）を上回った。朝鮮通信使一行は輿《こし》（正使）、馬（上・中官）及び徒歩（下官）の総勢300～500人で、行列の壮麗さは江戸時代の民衆を魅了した。その後、将軍の交代や世継ぎの誕生に際して、朝鮮からの祝賀使節が派遣されるようになった。

「国書」を偽造しても進めた日朝交流

きっかけは朝鮮側が1604年に、「日本は再侵略せず講和交渉を本気で進める気があるかどうか」を探るため対馬に使節（探賊使）を送ったことだった。交渉が大きく動いたのは、日本側が朝鮮出兵の際に朝鮮王国の墓を荒らした犯人の引き渡しを約束し、徳川家康が朝鮮国へ「国書」を送るという朝鮮側の要求を受け入れたからだった。その結果、朝鮮側は1607年に504人の朝鮮通信使を派遣することを決定し、1608年1月に出発し5月に江戸入りした。しかし、実情は日朝間を仲介した対馬の宗氏が、交渉を進展させるために島内の罪人2人を墓荒らしの犯人として身代わりで引き渡すとともに、国書については偽造して送付することで事態を進展させていた。

特に、「国書偽造（改ざん）」問題は日朝双方の面子のかかった至難の課題であり、宗氏は秘中の策として第1回目の朝鮮通信使の派遣から3回目まで「国書」を偽造して送付し続けた。しかし、対馬藩内の御家騒動から1631年に「国書偽造」問題が明るみに出て、徳川幕府を揺るがす大き

回数	西暦（元号）	将軍	正使	目的
第1回	1607年（慶長12年）	秀忠	呂祐吉	日朝国交回復、捕虜返還
第2回	1617年（元和3年）	秀忠	呉允謙	徳川幕府国内平定祝賀、捕虜返還
第3回	1624年（寛永元年）	家光	鄭岦	家光襲封祝賀、捕虜返還
第4回	1636年（寛永13年）	家光	任絖	（不明）
第5回	1643年（寛永20年）	家光	尹順之	家綱誕生祝賀、日光東照宮落成祝賀
第6回	1655年（明暦元年）	家綱	趙珩	家綱襲封祝賀
第7回	1682年（天和2年）	綱吉	尹趾完	綱吉襲封祝賀
第8回	1711年（正徳元年）	家宣	趙泰億	家宣襲封祝賀
第9回	1719年（享保4年）	吉宗	洪致中	吉宗襲封祝賀
第10回	1748年（寛延元年）	家重	洪啓禧	家重襲封祝賀
第11回	1764年（宝暦14年）	家治	趙曮	家治襲封祝賀
第12回	1811年（文化8年）	家斉	金履喬	家斉襲封祝賀（対馬に差し止め）

朝鮮通信使の派遣記録

な政治問題となった。最終的には対馬藩宗氏の家臣で朝鮮通信使の実務を取り仕切っていた柳川家の絶家と宗氏の権限縮小などの措置で何とか事態を収めた。以後、対馬藩が単独で行っていた朝鮮外交は、徳川幕府が主導し積極的にかかわる意思を鮮明にした。

朝鮮側は国書偽造にどう対処したのか。宗氏の国書偽造を知って、それを蒸し返せば日朝関係は一気に怪しくなりかねない。しかも、朝鮮には、「清」の前身である満洲人の国家「後金国」が軍事的圧力を強めていた。朝鮮には国家を揺るがす危機が迫っており、日本との安定した外交関係の確立は焦眉の急であった。朝鮮通信使が〝善隣友好の象徴〟とはいえ、経緯を見れば試行錯誤と苦渋の選択の積み重ねであり、交渉が順調であったわけでなかった。今と変わらず日朝双方の体面をかけた厳しい外交的駆け引きが展開されていた。

家康が通信使をもてなした「清見寺《せいけんじ》」

徳川家康の朝鮮通信使への思い入れには理由があった。第一の理由は、徳川幕府樹立後も朝鮮に出兵した豊臣系の大名が勢力を温存し続けており、朝鮮半島情勢が再び混迷化すれば、日本国内に飛び火する恐れがあった。第二の理由は、徳川幕府の正当性を国内外に認知させることが急務だったからで、朝鮮出

静岡市清水区にある清見寺
（筆者撮影）

兵で悪化した日朝関係を修復し正常化することは、外交安全保障上きわめて重要な意味を持っていた。

徳川家康はすでに将軍職を2代目の秀忠に譲っていたが、日朝講和のための朝鮮通信使に対する思いは人一倍だった。第1回朝鮮通信使は、復路の際、家康ゆかりの地である静岡県静岡市清水区の「清見寺」に投宿している。同寺は奈良時代に創建された臨済宗妙心寺派の寺院で、戦国時代に今川家の人質となった幼少の家康が3畳ほどの小さな部屋で勉学に励んだゆかりの名刹である。「手習いの間」としての部屋が今でも残っている。朝鮮通信使関連では、広島県福山市鞆町にある「福禅寺《ふくぜんじ》」、岡山県瀬戸内市の「本蓮寺《ほんれんじ》」などとともに国の史跡に指定されている。その清見寺には朝鮮通信使が延べ11回にわたり、往路か、復路で立ち寄っているが、1回目の復路の際には、家康自らが朝鮮通信使の正使らをもてなし、駿河湾内に船5艘を浮かべ富士山の景色などを楽しんだことが記録として残っている。その中の1艘は「南蛮船」であった。

それほどまでに丁重なもてなしをした背景には政治外交的だけでない訳があった。朝鮮は当時、日本が学ぶ儒教の国であり、儒学者や僧侶を従えた通信使を丁重に遇することは文化的な意味でも重要であったからだ。徳川家康の知恵袋だった林羅山《はやしらざん》（1583〜1657年）は、朱子学派の儒学者であり、儒学は徳川幕府の封建制度確立と政権運営指針づくりを支え、広く社会的、文化的に影響を及ぼした思想であった。清見寺には、朝鮮通信使と住職が漢詩のやり取りで筆談した貴重な古文書が残されている。当時、朝鮮通信使には、住職だけではなく武士階級も庶民も「書」を求めたといわれる。朝鮮は儒教とともに「詩文の国」と尊敬されていた。

6代将軍・徳川家重の側用人であった新井白石（1657〜1725年）も、朝鮮通信使と接見した際に詩文についてのやり取りをしている。その自伝的著書『折たく柴の記』には、白石自身が通信使の一行として来日した朝鮮文人と「詩文」を交わしたことが書かれている。日本各地の投宿先には、武家や文人たちが集まり、詩文の添削や詩文の贈答を行ったという記録が残っている。武家や文人だけでなく、庶民も詩文のやり取りや「書」を求めて朝鮮通信使のもとを訪れていた。

二つの玉（日韓）が光で照らし合う

私はその清見寺を二度訪れている。最初は、朝鮮通信使の研究家で比較文化学者である金両基《キムヤンキ》元静岡県立大学教授による案内で日本記者クラブの取材で訪れた時だった。決して裕福な寺とは思われないたたずまいだったが、緑豊かな高台から駿河湾を遠望できる清見寺には、日朝交流の足跡が多く残されていた。二度目は、その視察記事が縁で、「徳川みらい学会」が2016年6月に開催した朝鮮通信使シンポジウムに講師として招かれた時だった。

朝鮮通信使が記憶に残る名刹と讃えた清見寺本堂には、使節の一員による毛筆の木版「扁額《へんがく》」が掛けられていて、金元教授の説明によれば、5回目（1643年）の朝鮮通信使・朴安期（螺山）が書いたもので、『瓊瑤《けいよう》世界』と揮毫《きごう》されていた。「瓊《けい》」は「赤く美しい玉」、「瑤《よう》」は「揺らめくように美しい玉」を意味する。住職の一條文昭さんは、「清見寺は日朝間の触れ合いの寺であり、両国が誠を交わした場所。扁額は〝きらきら光る国〟が二つあり、光と光で照らし合って、そこには明るい世界が広がる。言葉は違っても、心と心が通い合い、照らし合えば美しい世界が広がるという意味」と説明された。

生前、清見寺の石段で説明する金両基元静岡県立大学教授（筆者撮影）

日韓国交正常化50年（2015年）を機に、「両国の懸け橋の寺になればいいと思う」という住職の言葉に、金元教授も「朝鮮通信使の歴史に学ばなければならない。一つの理由はモデルとなるような歴史を知ることによって未来への勇気となるからであり、もう一つの理由は同じ過ちを繰り返さないため」と強調した。金両基氏は早稲田大学卒の哲学博士で、1987年に韓国人として初めて日本の国公立大学の正教授として静岡県立大学に赴任した。東京生まれの在日韓国人2世であり、朝鮮通信使の歴史研究と啓蒙活動を精力的に行った。日韓共同で推進してきたユネスコ世界記憶遺産への登録を目指す推進委員会委員としても活躍し、日本の文化庁芸術祭最優秀賞受賞のほか、韓国の文化勲章などを受章した。清見寺を案内した金氏は日韓、日朝間の軋轢が絶えない時期だっただけに、「朝鮮通信使による日韓善隣友好の歴史に目を向け、その叡智に学ぶべきだ」と大きな声で何度も繰り返したのが印象に残っている。

容易でない現実

しかし、ことは容易でない。日韓共同の世界記録遺産登録は、もともとは韓国釜山市の「釜山文化財団」が2012年に共同申請を日本側に打診したことに始まる。朝鮮通信使に関係する地方自治体が集まり、日本側協議会の事務局を長崎県・対馬市役所に置いた。だが、同年に起きた対馬での韓国人窃盗団による「仏像盗難」事件で、対馬で行われていた恒例の「朝鮮通信使」行幸は中止される事態になり、今もそのしこりは残ったままだ。さらに2015年7月に長崎など8県、23施設で構成する「明治日本の産業革命遺産」が、ユネスコの世界文化遺産に登録されたが、韓国側は2020年6月に登録取り消しを求める書簡をユネスコに送っている。朝鮮通信使とは直接関係はないが、明治日本の産業革命遺産に含まれている〝軍艦島〟と呼ばれる端島炭鉱に関する長崎市の展示内容について、「歴史的な事実を完全に歪曲した内容が含まれる」というのが訴えの理由だ。日本側は「政治的な主張を持ち込むべきでない」と反論した。

私はその後、広島県福山市鞆《とも》の浦《うら》の朝鮮通信使ゆかりの名刹「福禅寺」を二度訪れた。朝鮮通信使は「潮待ちの港」と知られる鞆の浦に実に11回も寄港し、様々な文化交流を行っていた。1711年には通信使8人が善福寺の客殿「対潮楼《たいちょうろう》」から見た瀬戸内海の島々の美しさを称賛し「日東第一形勝」の書を残した。福山藩は全藩挙げて接待し、料理人や給仕人など約1000人を動員したという。さらに、毎年行われている呉市の下蒲刈島での「朝鮮通信使再現行列」にも取材で足を運んだ。伝統的な礼服を着た地元住民や色鮮やかなチマ・チョゴリなどを着た在日日本大韓民国民団（民団）の女性ら300人近い人たちが、石畳の続く海沿いの県道約1・2キロを練り歩く。この時の最高責任者の正使役は駐広島韓国総領事が務め、地元住人らはゆったりと華やかな行列を迎えた。そこには「近くて遠すぎる」という政治の世界とはかけ離れた日韓市民の情緒溢れる時間が流れ、落ち着いた交流の輪があった。

江戸時代の儒学者で対馬藩に仕えて朝鮮通信使に二度同行した雨森芳洲《あめのもりほうしゅう》（1668〜1755年）は「誠信之交隣」の言葉を残している。長崎の出島で中国語を学び、朝鮮の釜山に渡り朝鮮語も習得した雨森は異国を知るためには、お互いに欺かず、争わず、真実をもって交わる、との心得を説いた。清見寺を案内してくれた金両基元教授も「誠信の交わり」の精神を次世代に引き継ぎ、負の遺産を乗り越えて友好関係を築くことに情熱を傾けた。だが、残念なことに、金元教授は2018年4月2日に84歳で死去された。埋もれさせてはいけないのは朝鮮通信使が残した叡智であり、長い時間をかけて蓄積された日朝の平和と安定の記録と記憶に他ならない。

沈《ちん》壽《じゅ》官《かん》と連行された朝鮮人陶工

〝白薩摩〟の14代沈壽官さん死去

朝鮮通信使開始の理由のひとつは、文禄の役（1592〜93年）、慶長の役（1597〜98年）で捕虜となり強制的に日本に連行された朝鮮人（被虜）の帰還問題であった。〝自国民救済〟が国の威信にかかわることは古今東西変わることはない。その意味から、朝鮮側では朝鮮通信使を「刷還使《さっかんし》」とも呼ぶ。そんな捕虜の中には朝鮮人陶工もかなり含まれていたが、その子孫で鹿児島県日置市の薩摩焼宗家14代当主である沈壽官《ちんじゅかん》（本名・大迫恵吉）さんが2019年6月に亡くなった。早稲田大学を卒業した後、代議士秘書を経て帰郷し20代後半から先祖代々の陶工の道に入った沈さんは、伝統的な陶工技術を継承発展させ優美な「白薩摩」の芸術的な磁器を世に送り出した。若い頃は朝鮮という出自から偏見と差別に晒されたが、日韓両国を「私の人生を豊かにしてくれた二つの祖国」（朝日新聞）と語り、日韓友好の懸け橋的存在として生き抜いた。92歳であった。

文禄・慶長の役で日本各地に連行された朝鮮の人々は、「2~3万人」、ないし「3~5万人」と推定されている。相当な人数だが大半が農民で、朝鮮出兵によって激減した日本の農村労働力を補填するものだった。中には、長崎のポルトガル商人を通じてアジアやヨーロッパに奴隷として売られた捕虜もいたといわれる。

1回目の朝鮮通信使派遣の際には、日朝双方の努力によって約1600人の連行捕虜が朝鮮に帰国した。2、3回目も送還は継続したが、回を追うごとに送還は困難となった。20年以上にわたる日本での生活の結果、帰国後の生活や将来への不安が募る一方で、日本の習俗や言語への同化が進んだためであった。結局、連行された朝鮮人の帰還は、正確な実数は不明だが最終的には「6100人程度とされる」という。

白磁・有田焼を作り上げた陶工

古来、日本の「漆器」は長い歴史とその技術的な高さもあって英語でジャパン(Japan)と表記される。一方、中国や朝鮮の陶磁器を含む「磁器」も同様に長い歴史からチャイナ(China)と表記される。日本には長い間、須恵器(陶質土器)はあっても磁器を作る技術はなかった。戦国時代には千利休の茶道によって茶碗などの陶磁器が珍重されるようになったが、江戸初期まで〝白い茶碗〟は朝鮮や中国からのものしかなく、庶民が手にできたのは日常用の瀬戸物類でしかなかった。本格的な日本の陶磁器製造の土台は、朝鮮から連行されてきた朝鮮人陶工によって作られたが、そのことは日本であまり知られていない。その陶工の一人が、文禄の役で肥前（佐賀県）の鍋島藩によって一族とともに日本へ連行された李参平《イサムピョン》であった。日本で初めて白い肌の陶磁器「白磁」を作ったとされる陶工だ。1599年頃から陶作を始めたが磁器生産に適した白磁石がなく鍋島領内を転々とした後、1616年に有田川上流の泉山で良質の白磁鉱床を発見し、「天狗窯《てんぐがま》」といわれる日本初の白磁器の生産場を創設した。有田焼の始まりである。日本名は金ヶ江三兵衛《かながえさんべえ》と言い、直系の子孫が14代にわたり作陶を続けている。

中国では1644年に漢民族の「明」が滅亡し、満州の女真族による「清」が建国した。その影響で、中国の磁器生産地であった〝景徳鎮《けいとくちん》〟の生産が激減。このため、有田焼など日本の磁器に対する需要が高まり、オランダによる長崎経由の貿易でアジアやヨーロッパに大量の製品が輸出された。出荷は伊万里港から行われたため、「伊万里焼」の別名でも呼ばれ、鍋島藩の財政を潤したことからその製造技術が盗まれないように厳重に管理された。

鍋島家私邸の名品

政治部記者の駆け出しのころ、私は参院自民党の幹部・鍋島直紹《なべしまなおつぐ》議員（1912～81年）の私邸へ何度か夜討ち取材を行った。鍋島議員は、鍋島藩の第15代当主であり佐賀県知事、科学技術庁長官を歴任した政治家で、1971年当時、参院のドンと言われた重宗雄三参院議長を引きずり下ろそうとするグループ「桜会」のメンバーとして動き、河野謙三議長誕生に貢献した。

その鍋島氏の東京渋谷・松濤《しょうとう》にあった私邸応接間には、古伊万里や柿右衛門などの多くの名品が何気なく置かれていた。見るからに高価なものだと分かったが、陶磁器の知識もなくただ感心するばかりだった私にある夜、鍋島氏は有田焼などの由来を丁寧に教えてくれたことを覚えている。いかにも殿様らしい風貌のゆったりした政治家であった。

白磁に青色で模様を付けた染付磁器（初期伊万里）は、やがて17世紀後半に酒井田柿右衛門による乳白色の地肌に赤色系の色絵による磁器を生み、ヨーロッパの王侯貴族に〝柿右衛門様式〟として絶大な人気を博した。「中国のもの（磁器）は理性が勝っているが朝鮮のものは人情味が勝っている」と言われるそうだが、朝鮮人を陶祖とする有田焼は朝鮮磁器の良さに日本の繊細な感性が加わった気品を備えていると言えるのではないだろうか。白い陶磁器を作る技術は東アジアで開発されヨーロッパの窯業《ようぎょう》で取り入れられたが、有田焼は西洋白磁の頂点に君臨するドイツのマイセン、さらにはオランダのデルフト、18世紀のイギリスのロイヤルウースターなどの磁器にも影響を与えたとされる。

初代沈壽官《ちんじゅかん》と精緻な「白薩摩」

朝鮮陶工として忘れてはいけないのは、薩摩藩（鹿児島県）に拉致された沈当吉《シムダンギル》である。慶長の役の1597年に朝鮮の南原城《ナモン》が陥落した際に、李、朴など17姓の朝鮮人70〜80人と一緒に島津義弘の薩摩軍の捕虜となり、翌年に鹿児島に連行された。その子孫はその後「沈壽官《ちんじゅかん》」と名乗り、現在は冒頭で触れた14代目のご子息の15代目に引き継がれている。

朝鮮陶工は連行後、農業と窯業の兼業を強いられたが、やがて苗代川《なえしろ》（鹿児島県日置市東市来）に移住し、薩摩藩保護のもと窯業に専念した。その地は朝鮮の故郷を思い起こさせるような景色の地で、求められたのは朝鮮磁器の輝くような白磁の製造だった。彼らは朝鮮名を使い、朝鮮語を話し、生活も朝鮮の生活様式でよいという庇護が与えられたが、20数年間にわたる努力の甲斐もなく、藩内で磁器製造のための白磁鉱床を発見することはできなかった。

そこで、あみ出したのが、白い土に透明の釉薬《ゆうやく》をかける新しい陶器で、火山性の地質を温泉の熱水が変化させてできた白土と楢《なら》の灰などを材料に、白色に焼き上げた。白磁ではないが、「白薩摩」と言われる雅《みやび》な調度品として諸大名などに広く知れ渡った。「白」は李朝朝鮮の色

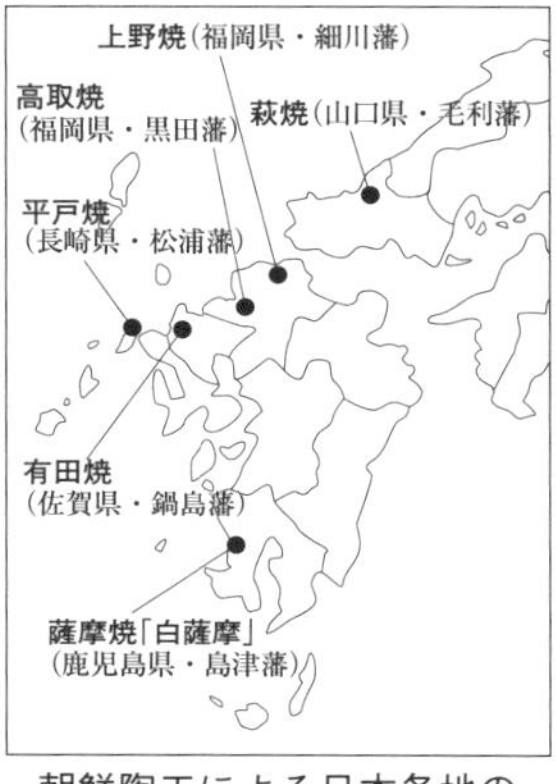

朝鮮陶工による日本各地の陶磁器生産地

であり、白磁に似せるためにできるだけ薄くして白味を出した。沈家の陶工は苗代川近くに玉山宮殿（玉山宮）を建て、白薩摩の生産に励んだが、その精緻な技巧と乳白の「白薩摩」は藩の重要な輸出品となった。

幕末の１８６７年に開催された「パリ万博」で、薩摩藩は江戸幕府とは別に「薩摩琉球国」という名で別館を出し、華やかな絵付けの大花瓶などを出展し大きな評判をとった。その６年後の「ウィーン万博」でも12代沈壽官の白薩摩が賞賛を浴び、ヨーロッパのジャポニズムブームに拍車をかけたといわれる。

ちなみに、朝鮮陶工が日本で始めた窯業は、有田焼や白薩摩にとどまらず、萩焼（山口県・毛利藩）、高取焼（福岡県・黒田藩）、平戸焼（長崎県・松浦藩）、豊前上野《ぶぜんあがの》焼（福岡県・細川藩）など広範囲に及んでいる（図）。

ソウル大学生に訴えた言葉

国民的作家・司馬遼太郎に珠玉の短編小説『故郷忘じがたく候』がある。14代沈壽官を主人公とする物語は、陶工・沈家が日本に帰化した後も朝鮮を背負いながら生き抜いてきたことを描いたものだが、その中で司馬は白薩摩について「江戸期を通じて、白薩摩の技法はいよいよ醇化した。その象牙色の膚質、温度を感じさせるやわらかさ、さらにそれに狩野派の絵付けが加わって、世界の陶器のなかでもこれほど精緻なものはあるまいとさえ言われるようになった」と高く評価した。

司馬は、その14代目が１９６６年の訪韓で行ったソウル大学での講演エピソードを克明に紹介する。日韓国交正常化（１９６５年）から間もない厳しい時期に反日色の強いエリート大学生を前に講演することはかなりの覚悟を必要としただろう。沈壽官は講演前に多くの学生たちと意見交換していたが、若い人たちが口を揃えて36年間の日本による朝鮮併合（１９１０～45年）に言及したことに触れ、壇上から「もっともであり、その通りではあるが、それを言い過ぎることは若い韓国にとってどうであろう」と問題を投げかけたという。

沈壽官は、「言うことは良くても言い過ぎるとなると、その心情はすでに後ろ向きである。あたらしい国家は前へ前へと進まなければならないというのに、この心情はどうであろう」と続けた。そして、最後に「あなた方が36年をいうなら、私は３７０年を言わなければならない」と結んだ。もし朝鮮をよく知る日本人が同じような趣旨の発言をしていたら壇上に石が飛んできたであろう。学生たち聴衆は当然、沈壽官に拍手は送らなかった。

未来へ向けて過去を活かす

だが、司馬はその後の驚きの展開を描く。拍手をしない学生たちの反応は、無視や沈黙ではなかった。やがて、学生たちは歌い出し合唱を始める。歌は韓国で愛唱されている青年歌であった。

青年歌は沈壽官へ贈る学生たちの友愛の気持ちの表明であった。司馬はそれを「学生たちの本音に一致している合図」と形容した。青年歌はやがて講堂を揺るがし、沈壽官は壇上で茫然となった。司馬は「涙が、眼鏡を濡らした」と描写した。

これは、ノンフィクションであり、同時に創作であることには違いない。しかし、この胸が熱くなる物語には「記憶」が喚起する人間や民族の魂の響きがある。歴史や公的資料には、政府や行政機関が伝えなければならない物語があり、いつの時代にも為政者によって〝正史〟は記録される。しかし、共通の記憶の中で最も重要なものは、人々の記憶の中にあるのではないだろうか。

司馬遼太郎は物語の最後に、沈壽官が慶尚北道青松《けいしょうほくどうせいしょう》に先祖の墳墓を墓参する場面を描く。その景色は、歴代の沈壽官たちが白薩摩を作り続けてきた鹿児島苗代川の「玉山宮」に似た場所だった。朝鮮を語り、日本を語り、その両国の深い歴史の襞《ひだ》を語りながらも、沈壽官の物語には結論めいたものや答えはない。司馬は、国境を越えた沈壽官が古き故郷に立ち戻ったことへの想いを淡々と描いた。それは、司馬が日朝関係にまつわる長い過去を遡及的に扱うのではなく、沈壽官という主人公の言い知れぬ想いやその言動を通じて日朝関係の未来に向けた記憶をもう一度大事に扱おうとしたからではないだろうか。

三人の韓国大統領

胸が熱くなるようなソウル大学の講演に触れるならば、講演後に突然実現した朴正熙《ぼくせいき》大統領と沈壽官の接見についても触れなければならないだろう。激しい対立を続ける日韓関係だが、戦後において両国関係を進展させた韓国大統領が3人いる。その一人は朴正熙大統領（1917～79年）で、1965年に佐藤栄作首相との間に日韓基本条約を締結して日韓国交正常化を実現した。清濁を併せ持つ軍人政治家だったが、政権後半は日本滞在中の民主化活動家である金大中《きんだいちゅう》氏を諜報機関「大韓民国中央情報部」（KCIA）を使い拉致し日本の国家主権を侵害するなど独裁的な強硬策を進めた。1979年10月、民主化デモの鎮圧を命じた直後に側近である金載圭《きんさいけい》情報長官に暗殺された。

二人目は怖いイメージが今でも残る全斗煥《ぜんとかん》大統領（1931年～）だが、1981年8月15日の「光復節」記念式典で、「我々は国を失った民族の恥辱をめぐり、日本の帝国主義を責めるべきではない。当時の情勢、国内的な団結、国力の弱さなど我々自らの責任を厳しく自責する姿勢が必要である」と演説し日韓両国に大きな波紋を投げかけた。1984年には韓国大統領として初めて天皇陛下との晩餐会に臨んだ。三人目は、KCIAに拉致され九死に一生を得た金大中大統領（1925～2009年）である。1998年の訪日で「日韓パートナーシップ宣言」をまとめあげ、近年の日韓関係で最も友好的な時代を演出した。天皇陛下の呼称を「日王」ではなく「天皇陛下」と表現した初めての韓国大統領であった。

沈壽官は講演後、朴正熙大統領の官邸からの予期せぬ電話を受けて出向くと、大統領の書斎に案内され面会することになった。会談では朴大統が軍人出身らしく数枚の地図を持ち出し「君の先祖が捕まったのはここだな」と捕虜になった南原城を指さして見せたりした。そのあと晩餐となり、沈壽官は濁酒《どぶろく》を飲み酔った勢いで調子はずれの大声で軍歌『麦と兵隊』を歌ったという。朴大統領は学校教師をしていたが、軍人を志して日本の支配下にあった満州国陸軍軍官学校（士官学校）に入学、卒業後さらに日本の陸軍士官学校の第57期生となった。満州軍第8団（連隊）で中国軍や対日参戦したソ連軍と戦い内モンゴル自治区で終戦を迎えた経歴を持つ。

370年以上も朝鮮姓を改姓することなく日本で生きてきた沈壽官が、かつては日本軍人だった朴大統領の前で日本の軍歌を歌う想いとは何だったのであろうか。司馬遼太郎は、複雑な歴史を背負った二人の晩餐について何も解釈をしていない。浮かび上がってきたのは、人間の心や内なる記憶は不可思議なもので、生まれ故郷と同様に育った場所も忘れられないという宿命のような想いだったのだろう。そして、日本を否応なく背負わされた二人の接見のエピソードには、決して渡れぬ民族同士の〝深い河〟が日韓両国にあることを浮き彫りにしているといえるだろう。

論語に「有隣」という言葉がある。徳のある人の周囲には同類が自然と集まるという意味だ。「徳は孤なず必ず隣あり」という。徳をもって接すれば、おのずと助け合い、協力し合うことができる。徳をもって接するのは、人だけでなく国家や民族もまた同じなのではないだろうか。

2章 戦時下の救済

杉原千畝の「ヴィザ・リスト正本（複製）」（外交史料館、筆者撮影）

杉原千畝とユダヤ人救済

ホロコーストの悲劇

現代史の中で、第2次世界大戦におけるドイツ・ナチ政権によるユダヤ人大虐殺（ホロコースト）ほど残虐な出来事はないだろう。ホロコーストとは、語源的にはギリシャ語に由来し、「全部焼く」ことを意味する。1939年9月から45年5月までに、欧州における約600万人のユダヤ人が強制収容所で殺害されたとされる。うち約100万人が子どもであった。

強制収容所は〝絶滅収容所〟ともいわれ、ドイツとポーランドに6か所設置された。その象徴はポーランドのアウシュヴィッツ収容所であり、1942年3月から44年11月までに約110万人がガス

強制収容所内のユダヤ人（アメリカ合衆国ホロコースト記念博物館、ワシントン、筆者撮影）

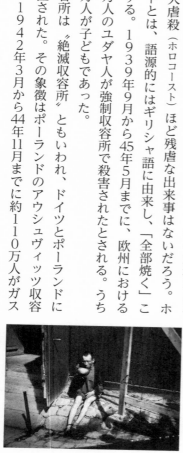

室などで殺害された。その忌まわしい歴史を忘れないために、イスラエル・エルサレムやドイツ・ベルリンなど世界各地にホロコースト記念館や博物館が建設されている。その中で最大級の一つが1993年4月にワシントンに開館した「アメリカ合衆国ホロコースト記念博物館」（United States Holocaust Memorial Museum）である。米議会議事堂の近くにあり、連邦政府が寄贈した土地に民間の寄付で設置された。私も2015年春に訪れたが、入場は無料でも凄惨な写真資料があるため11歳以上でないと入館できない。もちろん、規模は小さいが日本にも1995年に作られた「ホロコースト記念館」（広島県福山市御幸町）がある。

博物館に唯一名前のある日本人

そのワシントンの博物館の展示で、日本人としてただ一人紹介されているのが、戦前の外交官である杉原千畝《すぎはらちうね》（1900～86年）である。日本人外交官の中で、杉原ほど世界で知られている人物はいないだろう。第2次世界大戦中、バルト3国のひとつであるリトアニアのカウナス領事館に領事代理として赴任していた杉原は、ナチス・ドイツの迫害から逃れてきたポーランドなどからのユダヤ難民のために、外務省訓令に違反して大量のビザ（査証）を発給し約6000人のユダヤ人を救済した。

杉原千畝
（出典：Wikipedia）

海外では、ユダヤ人を救済した「東洋のシンドラー」として知られる。オスカー・シンドラー（１９０８〜74年）とはドイツ人実業家でありながら、強制収容所に収容されていたユダヤ人のうち自身の工場で雇用していた１２００人を虐殺から救った人物である。米国のスティーヴン・スピルバーグ監督の映画『シンドラーのリスト』（１９９３年）で世界的に有名になった人物だ。シンドラーは、イスラエル国家からユダヤ人を命がけで救った人物にだけ贈られる「諸国民の中の正義の人」の称号を授与されているが、杉原千畝も日本人でただ一人、同じ称号を１９８５年に授与された。

退職から44年後の名誉回復

しかし杉原は戦後、ルーマニア・ブカレストの収容所から帰国した１９４７年に47歳で外務省を辞職した。夫人の幸子《ゆきこ》さんによると、杉原は当時の外務事務次官から口頭で「例の件（ビザ発給）」を免官の理由として告げられたとしている。杉原が外交官として名誉を回復したのは、外務省退職から実に44年後の１９９１年10月で、当時の鈴木宗男・外務政務次官が幸子夫人を外務省に招き謝罪した。さらに日本政府の公式の名誉回復は２０００年10月10日までずれ込み、当時の河

バルト３国地図

野洋平外相の顕彰演説によって回復した。

　河野外相は演説の中で「色々御無礼があったこと、御名誉にかかわる意思の疎通が欠けていた点を、外務大臣としてこの機会に心からお詫び申しあげたい」と謝罪するとともに「故杉原氏は今から60年前に、ナチスによるユダヤ人迫害という極限的な局面において人道的かつ勇気のある判断をされることで、人道的考慮の大切さを示されました」と功績を讃えた。その顕彰のプレートが、「外交史料館」（東京都港区麻布台）にある。決して大きくはないプレートだが、資料館のロビーの壁面に掲げられている。その除幕式が行われた10月10日はリトアニアとの国交回復記念日であると同時に、２０００年は杉原氏の生誕１００年という節目の年であった。

顕彰「勇気ある人道的行為を行った外交官杉原千畝氏を讃えて」（「外交史料館」〈東京都港区麻布台〉に掲示、筆者撮影）

名誉回復の道を開いた鈴木宗男氏

　私は鈴木宗男氏（新党大地代表、参院議員）に２０１５年春、杉原の名誉回復の経緯について長時間インタビューした。鈴木氏は当時の事情について、「１９９１年12月にソ連が崩壊した。その年の10月に私は日本政府代表として再独立したバルト3国のリトアニア、ラトビア、エストニアへ行き、51年ぶりの外交関係回復を行った。その時思いついたのが、松岡洋右外相（当時）の訓令に違反してユダヤ人難民を出国させながら、外務省を辞めた杉原千畝さん。リトアニアに行くのなら杉原さんの名誉回復をしようと思った」と強調した。

しかし、外務省内の調整は思いのほか難航した。鈴木氏によれば、当時の外務省官房長は「名誉回復は必要ありません」と断言したという。理由は「日本は戦争に負け、外務省の職員の3分の1がリストラされた。杉原さんもその一環で辞めた」というものだった。外務省は訓令無視で処分したわけではないという言い分だった。鈴木氏はこれに噛みついた。依願退職の形式だが、実態は外務省に辞めさせられたのではないか。そうであるならば名誉回復は絶対に必要だとして、最後は鈴木氏が官房長を押し切ったという。

幸子夫人は、のちに鈴木氏の尽力についてテレビ番組で、「名誉回復は官僚政治ではできなかったと思います。たたき上げの鈴木さんだからできた」と変な言い方だがほめてくれたという。

Who is Sugihara?

杉原千畝は１９００年1月1日、岐阜県武儀郡上有知町《むぎぐんこうずち》（現在の美濃市）に生まれた。本当にすごい日が誕生日だ。父親は税務官吏であった。１９１８年に早稲田大学高等師範部英語科（後の教育学部）の予科に入学する。米小説家エドガー・アラン・ポーなどを愛読する文学青年だったが、貧乏学生であったこともあり翌年中退し外務省留学生試験を受けハルビンに留学、ロシア語を研修した。

1924年末からは外務省書記生としてハルビンで勤務し、白系ロシア人のクラウディア・アポロノヴァと結婚した。当時、外交官は外国人との結婚に大臣許可が必要で、まだ日ソ間の国交は回復しておらず結婚が認められたのは杉原が届け出てから10か月後だったという。

その後、杉原は1932年に満州国外交部へ移籍し、1935年まで満州国外交部特派員公署事務官として働く。日本軍が日中戦争をエスカレートさせた激動の時代であった。関東軍は1931年9月18日に奉天（現瀋陽）郊外の柳条湖で満州鉄道の線路を爆破するという「柳条湖事件」を起こして、満州（中国東北部）全土の占領へ猛進した。やがて、関東軍の主導によって満州地域は中華民国からの独立を宣言し、1932年3月1日に「満洲国」を建国した。日本の運命を変えた満州事変の真っただ中にいた杉原は、堪能なロシア語を駆使してソ連との北満州鉄道問題の困難な交渉を担当し、タフネゴシエイターとして頭角を現した。

その後、満州国外交部を依願退職した杉原は1935年7月に日本の外務省に復職、白系ロシア人の前夫人と協議離婚し、翌年には幸子夫人と再婚した。重大な転機が訪れたのは、1937年末だった。ロシア語の通訳官としてソ連・モスクワ勤務を命じられると、ソ連側は翌年2月に杉原を「ペルソナ・ノン・グラータ（Persona Non Grata）」、つまり外交上好ましからざる人物として入国を拒否した。ソ連が発した「ペルソナ・ノン・グラータ」発令の第1号が杉原であった。

拒否理由は、評論家の白石仁章氏が杉原氏を「インテリジェンスの鬼才」と評したように、満州時代の杉原が白系ロシア人たちとの緊密な協力関係を構築し飛び抜けた諜報収集能力を持っていたからに他ならない。白系ロシア人とは、１９１7年のロシア革命後、国外に脱出や亡命をした反ソ連系のロシア人を指し、その中にはウクライナ、ポーランド、ユダヤなど非ロシア人も含まれていた。

「命のビザ」の発給

この思わぬロシア側の拒否に、外務省は杉原を一旦フィンランドのヘルシンキ勤務とし、１９３9年にはリトアニアの当時の首都カウナスに領事館開設を命じる。これが「命のビザ」の物語のきっかけとなった。当時のヨーロッパはドイツとソ連がポーランドを１９３9年に割譲するとともに、ドイツ軍は１９４0年6月にパリを陥落させる。ソ連も同月にリトアニアに進駐し、その後軍事力によってバルト3国を併合した。

この危機的状況下で、行き場を失ったユダヤ難民が同年7月に入ると、カウナスの日本領事館を囲み始め、欧州脱出のため日本通過ビザの発給を要求した。ユダヤ難民たちは、シベリア鉄道で極東まで進み日本へ渡って米国などへ脱出するしか逃亡ルートがなかったからだ。すでにソ連から領事館閉鎖の命令を受けていた杉原は、この事態に外務省の訓令を無視して同8月26日までに２１３9家族にビザを発給した。

鈴木宗男氏は、この決断について「人間として当たり前のことをしただけ。杉原さんが署名しなければユダヤ難民が命を落とすことは分かっていた」と讃えるとともに、「結局、外交力は人間力に他ならない」と強調した。1日に署名できるビザ書類は200人分が精いっぱいだったが、杉原は領事館閉鎖直前まで約1か月休みなくサインを続けた。カウナスの領事館を閉鎖した後、杉原はプラハ勤務を経て、1941年にドイツ領のケーニヒスベルク（現ロシア・カリーニングラード）へ移った。1945年の終戦を迎えるとブカレスト郊外の捕虜収容所に収監され、1947年4月に帰国した。外務省を退職したのは帰国から2か月後のことだった。

見送られた世界記憶遺産の登録

杉原は外務省退職後、貿易会社の社員や幹部として1960年から15年間、ソ連国内で働いたが、ビザ発給の経緯については最後まで口をつぐんでいた。鈴木氏は強調した。「杉原さんが立派だったのは、外交官である前に〝一人の人間〟だったこと。カウナス領事館に集まったユダヤ人は、多くが何の罪もない女性と子どもたち。彼は『ここはビザを出すべきだ』と電報を打ったが、外務省から返事はない。ドイツ軍が破竹の進撃をして、日本も日独伊三国同盟の締結（1940年9月）に向かっていた時なので、ビザ発給は駄目だというのが松岡洋右外相の考え。それでも2回、3回と許可願いを出したが、3回とも駄目だった」と。

国連教育科学文化機関（ユネスコ）は1992年に、散逸しかねない古文書や書物などの歴史的記録物（可動文化財）を保全して広く公開することを目的とした事業として、「世界の記憶」（世界記憶遺産）を創設した。日本では、『慶長遣欧使節関係資料』などが登録されており、2017年10月には日本の7件目の世界記憶遺産として「朝鮮通信使」に関する資料の登録が決まった。しかし、同時期に提出されていた資料「杉原リスト」は、残念ながら登録が見送られた。その時、ユネスコ側から不登録にした理由の説明はなく、「杉原リスト」関係者から戸惑いの声が上がったことは言うまでもない。杉原の人道的救済を国際的に高く顕彰するにはまだ資料が不足していた。一体何が足りなかったのか。次でそのことに触れる。

「杉原ビザ」への旧ソ連の対応

リトアニア建国100年、日本首相が初訪問

安倍晋三首相（当時）は2018年1月13～14日、リトアニア共和国を日本の首相として初めて訪問し、旧ソ連による併合前の首都であり、現在は同国第2の都市であるカウナスの「杉原記念館」を視察した。杉原記念館の建物は、ユダヤ難民に対し「命のビザ」を発給した杉原千畝領事代理（当時）が、1939年7月から1940年8月まで勤務した旧在カウナス日本領事館の建物を改装したもので、リトアニア国内で設立された杉原「命の外交官」財団が運営している。2000年から公開を開始し、2016年の入館者総数は約1万6600人だが、リトアニア訪問の日本人観光客の約64％が同館を訪れているという。杉原氏の複製執務机や

杉原記念館を視察する安倍首相
（出典：首相官邸）

パネル展示を視察した後、安倍首相は、前夜の晩餐会でわざわざあいさつに来たユダヤ系国会議員から「自分の母は命のビザに間に合わず強制収容所に入れられたが、それでも杉原さんの勇気、努力に敬意を表し、感謝を伝えたい」と言われたという。その上で、「世界中で、杉原さんの勇気ある人道的行動は高く評価されている。同じ日本人として、本当に誇りに思う」とあいさつした。訪問はリトアニアの独立100周年の記念すべき年でもあった。

まだ足りない旧ソ連側資料の公開

残念なことに、日本が申請していたユダヤ難民救出の資料『杉原リスト』は2017年10月、ユネスコの〝世界記憶遺産〟への登録が見送られた。その理由の一つは、旧ソ連時代の杉原関連資料が十分に開示されていないことが挙げられる。

ロシア・ホロコースト研究教育センターのイリヤ・アルトマン共同議長[*1]は2017年12月に日本記者クラブで杉原問題について記者会見した。それによると、ユダヤ難民に関するソ連時代の極秘文書が初めて公開されたのは冷戦崩壊から約10年が経過したエリツィン大統領時代の1998年であり、さらに日ロ両国による文書・資料調査が開始されたのは2012年からであると説明した。そのうえで、ソ連指導

記者会見するイリヤ・アルトマン共同議長（筆者撮影）

部が杉原ビザによるユダヤ難民のソ連国内通過をどうして認めたのか、ソ連共産党政治局内でどのような決定があったかなど、引き続き調査が進められていると報告した。

アルトマン氏は、ソ連が杉原を「ペルソナ・ノン・グラータ（Persona Non Grata）」として入国を拒否したのは、杉原がハルビン勤務時代から反ソ活動をしていた白系ロシアの亡命者と連携、協力していたからだと認めた。杉原の前夫人は白系ロシア人女性であり、杉原自身もロシア正教徒に改宗した極めて数少ない日本人だった。アルトマン氏は、「ソ連による外交官入国拒否の〝第1号〟が杉原氏だった」と指摘しながら、それにもかかわらず杉原はカウナスでソ連側にもコンタクトを取り、逃げ場を失ったユダヤ難民のためにビザを発給し続けたと強調した。

リトアニアには当時、約16万人のユダヤ人が居住していたが、１９４０年7月頃にはポーランドから脱出したユダヤ難民約2万人がリトアニア・カウナス周辺に集まっていた。しかも、ソ連がその直前（同年6月）にリトアニアに侵攻したため、ユダヤ難民はパニック状態に陥った。アルトマン氏によると、そんな危機的状況だったにもかかわらず、当時の米国のユダヤ難民に対するビザ発給は「ゼロ」であり、英国もビザ発給は年間８００件、しかもパレスチナ難民に限定されていたという。溢れるユダヤ難民は、ソ連シベリア経由で日本へ脱出する道しか方法は残されていなかった。

ソ連が「杉原ビザ」を容認した残酷な理由

ではなぜソ連側は、反ソ的な杉原が署名したシベリア通過を前提とする「日本通過許可ビザ」を容認したのか。重要なことは、ソ連最高指導者であったスターリンの判断であった。アルトマン氏によると、スターリンは1940年夏にデカーゾフ元外務次官をリトアニアに派遣し調査を行い、同年7月25日に共産党政治局としてリトアニアからのユダヤ難民の出国を容認する決定を行ったとされる。

その理由は、いたって簡単で残酷なものだった。「ユダヤ人はソ連に必要ではないし、ソ連に何も益をもたらさない」(アルトマン氏)ためだったという。スターリンが許可書類に最終的にサインしたのは同年7月29日。杉原はこれを境にユダヤ難民への「日本通過ビザ」を猛烈な勢いで発給し、8月末までビザに判を押し続けた。さらに、杉原は領事館閉鎖後もカウナスを離れる9月初めまで滞在先のホテルでビザを発給し続けた。

付言すれば、脱出できなかった15万人を超えるリトアニア・ユダヤ人たちは、その後ソ連に代わり占領したドイツ軍によって1941年7月から11月にかけて、「古都ヴィルニュスで虐殺された」という。それはリトアニア・ユダヤ人全体の80%に相当した。第2次世界大戦を通じて最終的にはリトアニア・ユダヤ人全体の95~97%が虐殺され、その大量虐殺率はヨーロッパで最も高かったとされる。

アルトマン氏はまた、通過を容認したもう一つの理由としてソ連国内の「経済的な理由」を挙げた。第2次世界大戦への流れの中で、ソ連では外国人観光客が激減し、当時唯一のソ連国営旅行会社が〝難民ビジネス〟を手掛けるようになったからだという。同氏によると「(当時の価格で)難民一人から200～300ドルを稼ぎ、全体では50万ドルの収入を見込んでいた」としている。

ソ連内部情報を事前入手していた杉原

しかし、驚くべきことはアルトマン氏の以下のような発言だった。その一つは、杉原が諜報ルートを通じてソ連政治局で行われた極秘の協議内容を事前に「知っていた」と指摘したことである。だから杉原は「7月29日にはかなりのビザを発給した。カウナスにはまだソ連指導部からの命令が到着していないにもかかわらずに」と明言した。

もう一つの驚きは、当時の駐ソ米大使がリトアニア・ユダヤ難民の中に「工作員が20％いる」と米政府に報告していた事実を挙げながら、アルトマン氏が実際には「それよりももっと多くの工作員がいた」と発言したことだった。もちろん事実が十分に確認されたわけではないが、生死の境に立たされたユダヤ難民がソ連やドイツの工作員となることによって命を長らえようとしたことは十分にあり得ることだと言えるだろう。

難民の中に多くの工作員(スパイ)が含まれていた。しかし、杉原はそうしたことに構わず、清濁を併せ呑むように日本政府の許可のないままユダヤ難民にビザを発給し続けた。アルトマン氏は、「ビザ発給のファクター（要因）はいくつかあった」としながらも「ユダヤ難民への〝悲劇の共感〟がなければビザは出さなかった」と杉原の人道的な行為を改めて称賛した。しかし、日本政府はこうした杉原の情報収集やビザ発給決断の背景を把握していなかった。杉原の再三にわたるビザ発給要請に、外務省は難色を示し「限られた人数しか受け入れられない」と回答し続けていた。

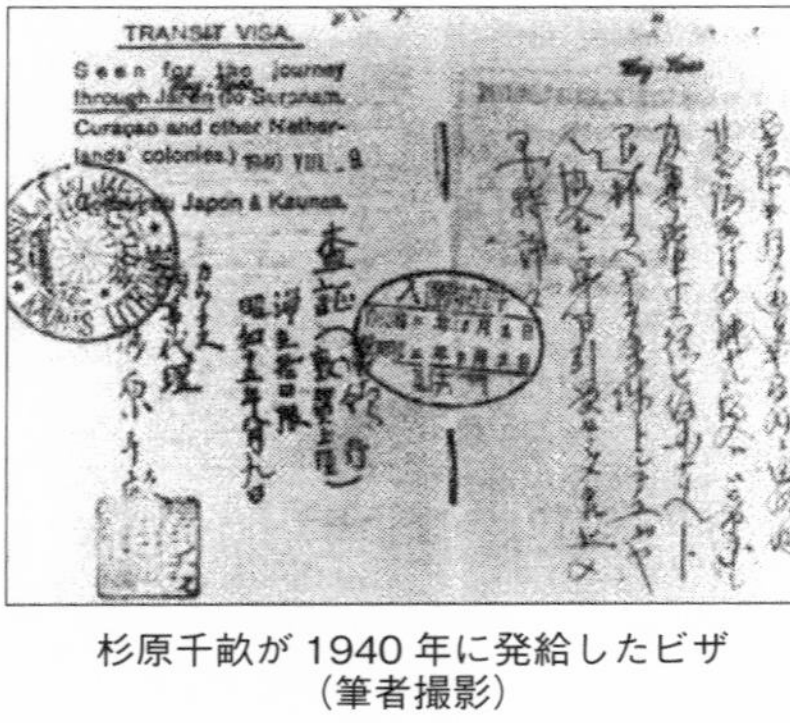

杉原千畝が1940年に発給したビザ
(筆者撮影)

日系米人グラック映画監督が描いた杉原

２０１５年12月、日本生まれの米国人であるチェリン・グラック監督の映画『杉原千畝　スギハラチウネ』が公開され評判となった。杉原を演じる唐沢寿明、妻・幸子役の小雪さんら多彩な日本人キャストや外国人俳優たちがポーランドでオールロケの撮影を行った。私はそのグラック監督に映画公開前にインタビューしたが、監督が映画で描きたかったことは「偉大な日本人」の物語ではなく、「スーパーヒーロー」でもない一人の男の行った静かな決断だったという。

同監督は、〝Extra ordinary things happen to ordinary people.〟と述べた。つまり、普通の

人に尋常ではない事態が起こり、それに対応していく過程で初めてすごいことを成し遂げるという意味だ。監督は、「杉原は、選択が極めて少ない中で自分として正しいことだと決断した。誰にも誇示せず、普通に正しいと思ったことをして何千人もの命が救われた。その結果ヒーローとなっただけだ」と強調した。

杉原千畝への想いは、実はグラック監督の両親や監督自身の体験に深く結びついている。監督は1958年3月に米国人の父と日系2世の母との間に和歌山県で生まれ、広島と神戸で少年時代を過ごした。ペルシャ専門の考古学者である父親の研究のためにイランでの生活も体験した。日本語を流暢に話す監督は「父は17歳の時に年齢をいつわって『ドイツ軍をこらしめたい』と海軍に入り、母は日系人収容所に収容されていた」と説明しながら、高校生の時に聞いた母親の忘れがたい言葉があると言った。過酷な日系人収容所は不幸な体験だったが、「人生では不幸な中から幸運も生まれてくる」という母の言葉だったという。

グラック監督は映画の英語タイトル「Persona Non Grata」に強くこだわった。杉原はソ連側から好ましからざる人物として入国を拒否された人物だ。「軽蔑されて締め出された経験」を持たなければ、排外される人間の気持ちはわからない。日本題名にはない「Persona Non Grata」にこだわったのは、ユダヤ人をはじめ戦争の惨禍の中で排除されてきた人々の苦難の歴史とその記憶を浮き彫りにすることだったからに他ならない。

さらにグラック監督は、映画の中で米軍の日系2世部隊がドイツのダッハウ強制収容所からユダヤ人少年ら生存者を救出する場面を敢えて描いた。それは〝敵性外国人〟として強制収容所に送られた母親のような日系人収容者のイメージと重なっている。そして、日系2世部隊は、米国への忠誠心を示すために米軍内で比較にならないほどの多くの死傷者を出しながら最も多くの戦功をあげた部隊だったことを忘れぬように描いた。日系人兵士がユダヤ人少年を救い出す印象的な場面には、監督の「軽蔑されて締め出された経験」を持つ人々への強い思いが込められている。

つぶやきから生まれた〝スギハラ通り〟

杉原千畝の名誉回復に尽力した鈴木宗男氏はソ連崩壊直前の1991年10月に、リトアニアとの国交回復のために同国を訪れ、日本の政治家として戦後初めてカウナスの旧日本領事館を訪問した。安倍首相が訪問したのと同じ場所だ。鈴木氏によると、当時のランズベルギス最高議長が先導しパトカー、白バイ仕立てで案内されたという。しかし、当時は民間アパートとなっていた。そんなところへパトカーや日章旗をつけた車が押し寄せたので、住民は「日本が接収に来た」と騒ぎ、誰も出てこなかったという。鈴木氏は「そうではないと説明したら、住民がぞろぞろ出てきた。そこで〝命のビザ〟の話をしたら、みんな納得してくれた」と思い出を語った。

鈴木氏はリトアニアでの国交回復交渉の中で、「杉原さんのためにに何か記念のことをしていただければありがたい」と本音をつぶやいたという。すると最高議長は即座に、「昔のカウナス日本領事館のあった通りを『スギハラ通り』にしましょう」と返答した。今も〝スギハラ通り〟となっている。鈴木氏は、杉原を「東洋のシンドラー」と譬《たと》えることについて「ドイツ人のオスカー・シンドラーはユダヤ人を自分の工場で雇っていた。シンドラーなりの計算があってやったことだと思う。しかし、純粋にユダヤ難民を救済したという意味では杉原さんの行為は重いし、尊く、価値ある行為だと思っている」と強調した。グラック監督も、「シンドラーと杉原を比べるべきではない。シンドラーは自分の工場にいる人を救った。身近な人を救ったシンドラーと見知らぬ人たちを救った杉原は違う」と言い切った。

杉原ビザで救われた〝金融先物市場の父〟

世界で〝金融先物市場の父〟と呼ばれるユダヤ系米国人のレオ・メラメド氏が2017年秋に85歳で旭日重光章を受章した。同氏は「命のビザ」で家族とともに、リトアニアからシベリア鉄道でウラジオストクを経て福井県・敦賀港にたどり着いた。8歳の時だったという。メラメド氏は世界最大のデリバティブ取引所運営会社の名誉会長を務める世界のユダヤ人成功者のひとりで、2011年には大阪証券取引所（当時）と業務提携を結ぶなど日本の先物市場発展に貢献し、対日理解促進にも寄与した。

鈴木氏によれば、小渕恵三首相が1999年4月に訪米しシカゴ商品取引所を視察した際、名誉理事長だったメラメド氏は小渕首相に付いて説明するはずだったが、官房副長官として随行していた鈴木氏に終始付き添い相手をした。杉原氏の名誉回復の功労者である鈴木氏に「感謝の意」を伝えるためだったという。

「杉原千畝記念館」が杉原生誕100年を記念して地元の岐阜県八百津町《やおつ》に建設されたのは2000年であった。さらに、ユダヤ難民やポーランド孤児が敦賀港に上陸した歴史を伝える資料館「人道の港敦賀ムゼウム」（福井県敦賀市金ケ崎町）が開館したのは2008年だった。そうした難民の歴史や記憶の再発見の大きな起点となったのが、1991年の杉原千畝の名誉回復であったことは言うまでもないだろう。

しかし日本には、第2次世界大戦について伝える国立博物館が未だにない。東京・九段南に1999年に設立された国立博物館「昭和館」は、戦中、戦後の国民生活上の労苦を後世代の人々に伝えていくことを目的にしているため、当然ながら日中戦争、第2次世界大戦など昭和の激動の歴史を紹介する要素には乏しい。杉原の名誉回復に44年間もかかった事実からして、歴史の再認識や再発見、さらには歴史の見直しがいかに難しいことかと思わざるを得ない。

「命のビザ」をめぐるソ連側の調査・検証もまだ日は浅いと言える。実際、『杉原リスト』の世界記憶遺産への登録は見送られたが、鈴木氏の弁を借りれば、その人道的かつ歴史的な意味が変わるわけではない。今後、ロシアやリトアニアで新たな事実が発見されれば、多くの人々の共感を呼ぶ『杉原リスト』が世界記憶遺産に登録されることは疑いもないだろう。

*注

［1］「イリヤ・アルトマンロシア・ホロコースト研究教育センター共同議長会見」日本記者クラブ（https://www.youtube.com/watch?v=Mu7HxaaluRw）

3章
シベリアにさ迷う子どもを救った二つの救出劇

ロシア人疎開児童の子孫であるオルガ・モルキナさんが2013年10月の日本記者クラブ記者会見で映し出した「陽明丸」（筆者撮影）

ポーランド孤児、日米連携で救出

極寒の地をさ迷う孤児の群れ

ユダヤ難民を救済した杉原千畝《すぎはらちうね》の「命のビザ」より約20年前の1920年代に、日本が極寒の地シベリアで窮地に陥っていたポーランドの孤児を救済した〝人道の物語〟がある。第1次世界大戦のさなかに起きたロシア革命（1917年）による混乱の中での話だ。ポーランドの歴史は分割と苦難の連続であり、第1次世界大戦後の1918年に実に123年ぶりに独立を回復したが、その2年後にはソビエト・ポーランド戦争が勃発し再び混乱に陥った。その中でシベリアに取り残され、行き場を失っていたのがポーランド孤児の群れだった。長くロシアの支配下にあったポーランドにとってシベリアは愛国者の流刑の地であり、その軍事・商業拠点都市ウラジオストクにはポーランド人社会が形成されていた。大半が難民同然の人々や政治亡命者の貧困家族だった。

そのウラジオストクからポーランド孤児救援と保護を求める「ＳＯＳ」が発せられていたにもか

かわらず、西欧諸国は無視するか、傍観し続けていた。要請に応えたのは日本と米国であった。日本が早い対応をできたのは、西欧列強国がシベリア出兵（1918年）後、兵を早々と引き揚げたのに対して日本は在留邦人擁護を理由に軍隊を残留させていたことが背景にあった。現地からの救援要請に外務省と日本赤十字社は素早くかつ持続的な対応をして、1920年と22年の二回に分けて孤児総勢763人[*1]を日本に救出した。日本での長期滞在で健康を回復した孤児たちが横浜港から自国へ向け出航した際に、船舶のデッキから日本の国歌「君が代」を斉唱し「ありがとう」を連呼した姿は、見送る日本人の心に忘れられない光景として残った。しかし、この追い詰められた子どもらを救済した人道の物語は、戦後の米ソ冷戦の影響で日本では長い間話題にされることはなかった。

子どもの貧困や子どもの虐待問題は、古くて新しい問題である。「子どもの権利」を1929年に初めて提唱したのはポーランド人の小児科医で児童文学者であるヤヌシュ・コルチャック（1878～1942年）であった。コルチャックは1910年にユダヤ系ポーランド人孤児のための孤児院「ドム・シェロト」（「孤児たちの家」）を作り、第1次世界大戦期には、ロシア軍の従軍医として駐屯したキエフでいくつかの孤児院の医師として働いた。しかし、ドイツが1939年にポーランドを侵攻しユダヤ人への迫害を過激化させると、コルチャックと孤児院の子ども約200人は1942年8月トレブリンカ強制収容所に移送されて殺された。このとき、コルチャックは自分だけが助かることを拒絶して子どもたちとともに死を選んだ。

「コルチャック先生」の愛称で呼ばれる先人の提唱が実現したのは、米ソの東西冷戦が終結した1989年で、「子どもの権利条約」として結実した。ニューヨークの国連で翌90年9月に条約発効を記念して「子どものための世界サミット」が行われたが、日本からは海部俊樹首相（当時）自身が出席、私も現地へ同行取材した。だが、当時の日本国内では湾岸戦争と政治改革論議が過熱し与野党攻防が激化していたため、眼前に迫り来る少子化や子どもの貧困問題に強い姿勢で取り組もうという政治家はほとんど見当たらなかった。現在、日本の子どもの貧困率（中間的な所得の半分に満たない家庭で暮らす18歳未満の割合）は、厚生労働省調査で13・5％（2019年度）、子どもの7人に1人が貧困状態であり、先進7か国の中で最悪となっている。

親日国ポーランドの苦難の歴史

ポーランドは欧州諸国の中でフィンランドと並ぶ大の〝親日国〟と言われる。その理由のひとつがポーランド人孤児救出劇であって、日本ではほとんど知られていないが、ポーランドでは今でも語り継がれているという。さらにポーランドが日本に親近感を抱く理由には、日露戦争（1904～05年）下で捕虜になったロシア軍傘下のポーランド

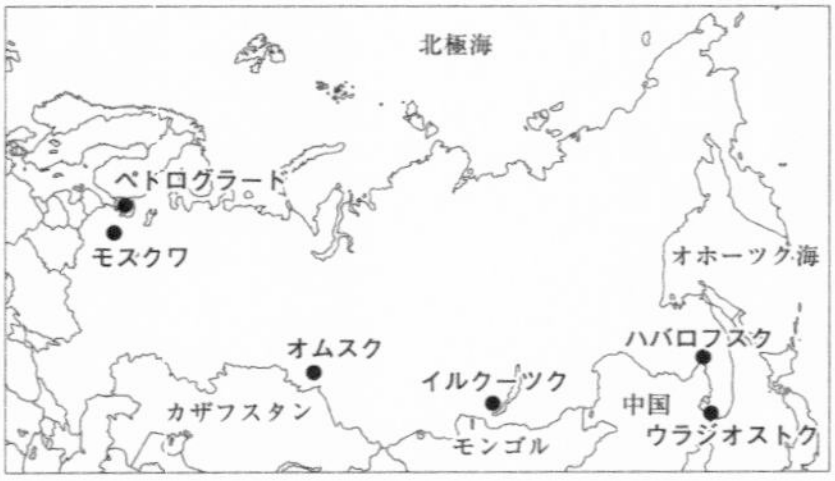

1919年頃のロシア地図（ペトログラードは現サンクトペテルブルク）

兵士に対する日本の〝寛大な配慮〟というエピソードがある。多数のロシア人とポーランド人の捕虜は愛媛県松山の収容施設に送られたが、日本側はロシア兵とポーランド兵の不仲を知って別々に収容した。帝政ロシアの圧政に苦しめられてきたポーランド兵は、日露戦争で日本が勝利すると収容所内で喝采した。この配慮ある捕虜への対応が今でもポーランド国民の記憶に残り、ポーランドの教科書の日露戦争についての記述は、日本の学校教科書よりもかなり分量が多いという。

親日的なポーランドだが、分割と独立運動の繰り返しという苦難の歴史を持つ。ポーランドは10世紀に国家として認知され、16世紀から17世紀にかけては「ポーランド・リトアニア共和国」を形成し、キリスト教諸国の中ではモスクワ大公国に次ぐ広大な国土を有する国家だった。しかし、プロイセン、オーストリア、ロシアの3か国が1772年にポーランドを分割（第1次分割）した。ポーランドはその後も2度にわたり分割され、1795年10月（第3次分割）に帝政ロシアに編入されて国際政治の表舞台から姿を消した。このため、ポーランド国民は幾度となく独立運動を繰り返すがことごとく失敗に終わり、独立運動にかかわった愛国者は帝政ロシアによって政治犯や難民としてシベリアに追いやられ虐げられてきた。

ポーランドが独立を回復したのは、第1次世界大戦が終結した1918年で、実に第3次分割から123年後のことであった。だが、ポーランドは第2次世界大戦下で再びナチス・ドイツとソ連から侵略され、1939年に国土が分割された。戦後の1952年に東側陣営のポーランド人民共和国として国家主権を回復し、現在のポーランド共和国になったのは冷戦崩壊後の１９８９年の民主化によってである。近世以降のポーランドは苦難と抑圧の歴史の連続であった。

日赤が孤児７６３人を救済

ロシア革命後の混乱の中で、さ迷えるポーランド孤児の存在が世界に広まったのは、１９１９年ごろであった。ロシア国内は革命後の革命軍（赤軍）と反革命軍（白軍）の内戦が激化し、シベリアで過酷な重労働や厳しい生活を強いられていたポーランド人たちは一段と悲惨な状況に追いこまれた。特に両親と死別や離別した孤児たちは、餓死や疫病死が迫る極限状態の中で各地をさ迷い続けた。

当時、シベリアにはポーランドの政治犯や難民らが15～20万人いたといわれる。悲惨な状況が迫る中で、「ＳＯＳ」を発信したのはポーランド人のアンナ・ビルケウィッチ女史らが１９１９年９月にウラジオストクに立ち上げた「波蘭（ポーランド）児童救済会」であった。彼らは欧米諸国に救済を求めたが、シベリア出兵[*2]後すでに米英仏３か国の軍隊は本国へ引き揚げてしまい、現地に残っていたのは日本軍だけだった。このため、同女史は１９２０年６月に訪日し外務省にシベリア孤児

966 年	ピアスト王朝の成立（建国）
1569 年	ポーランド・リトアニア共和国（1775 年まで存続）
1772 年	プロイセン、オーストリア、ロシアによる第１次分割
1795 年	第３次分割でポーランド国家が消滅
1918 年	第１次世界大戦終結、ポーランド独立回復
1939 年	ナチス・ドイツがポーランド侵攻 ソ連がポーランド侵攻
1945 年	第２次世界大戦終結
1947 年	社会主義政権誕生
1980 年	独立自主管理労組「連帯」結成
1981 年	ポーランド危機で戒厳令
1989 年	非社会主義政権の樹立で体制変換
1999 年	北大西洋条約機構（NATO）に加盟
2004 年	欧州連合（EU）に加盟

ポーランドの略史

の救済を強く要請した。外務省は直ちに対応し、日本赤十字社を動かし救済に乗り出した。
ポーランド孤児が１９２０年７月に上陸した福井県の敦賀《つるが》港にある記念館「人道の港敦賀ムゼウム」（敦賀市金ヶ崎町）には、杉原千畝コーナーと並んで「ポーランド孤児」の展示室がある。〝ムゼウム〟というのはポーランド語で〝資料館〟を意味する。大切に保存された展示資料によれば、孤児救済の要請を受けた日本政府は、「16日間」という猛スピードで日赤に指示を出し孤児救済に乗り出した。信じられないほどの即断即決だった。孤児らが日本陸軍の輸送船「筑前丸」（排水量２４４８トン）でウラジオストクから敦賀港に入港したのは１９２０年７月23日、その後輸送船「台北丸」（同２４６９トン）も加わり５回で３７５人の孤児たちを敦賀港に移送した。さらに１９２２年にも、極東のアムール地方や沿海州地方に取り残された孤児たちがいるとの連絡を受け日赤が中心となり３回にわたり３８８人を救出した。助けられた孤児は総計で７６３人に上った。

第１次救出の孤児たちは東京・広尾の日赤本社に隣接する育児所に収容され、第２次の孤児たちは大阪市立大学医学部付属病院の寄宿舎に収容され手厚く保護された。子どもたちの多くは腸チフスや百日咳などの病気にかかっており、すぐに治療が施されたという。その後、第１次の孤児たちは横浜港から６回に分け３７０人が米国経由でポーランドに帰国した。ま

人道の港　敦賀ムゼウム
（出典：Wikipedia）

た、大阪に収容されていた第2次の孤児たちも、神戸港から2回にわたり合計388人が香港、シンガポール、ロンドンなどを経由して母国へ戻った。

懸命に孤児たちの世話をしていた看護婦が、腸チフスにかかっていた孤児から感染し亡くなるという不幸な出来事もあった。亡くなったのは松澤フミさんで23歳の若さでの殉職だった。資料室の説明には「事情を知らない幼子は、優しかった松澤看護婦の名前を呼び続け、周りの人たちの涙を誘いました」と記されている。松澤さんは1921年にポーランド国から赤十字賞、また1929年に名誉賞も贈られている。

元駐ポーランド大使の思い出

元駐ポーランド大使である兵藤長雄氏は、自著『善意の架け橋——ポーランド魂とやまと心』で、冷戦後初めて元孤児らをワルシャワの日本大使公邸に招待したときのことを印象深く紹介している。1995年10月のことで、80歳を超える高齢の元孤児8人が招待された。元孤児たちはポーランドに戻った後、「極東青年会」という団体を組織して第2次世界大戦前から日本を紹介する活動をポーランド国内で展開し、日本を再訪問する計画だった。しかし、戦後の東西冷戦によってその夢を実現することはできなかった。

兵藤長雄著『善意の架け橋』、文藝春秋

兵藤氏によれば、お孫さんに車椅子で連れられて来た高齢の婦人は「日本大使館は日本の小さな領土だと聞きました。今日、私は日本の領土に足を踏み入れ、日本の方々に長年の感謝の気持ちを伝えることができて、もう思い残すことはありません」と挨拶し泣き崩れたという。死の淵に立たされていた孤児たちの運命を変えた救済に心から謝意を表した老婦人の涙に、兵藤大使ら居合わせた人々も涙したという。

また、天皇皇后両陛下は２００２年７月の東欧歴訪でポーランドを訪問された。この時、元孤児３人の強い希望で両陛下との対面が実現した。そのうちのひとりの老婦人は、美智子皇后（当時）の手を握っていつまでも離そうとしなかったが、それには理由があった。老婦人が孤児として助けられた時、病院に大正天皇の后《きさき》であられる貞明《ていめい》皇后がお見舞いに来られ幼かった彼女を抱き励まされたことを覚えていたからだった。すでにポーランド孤児救済から80年の歳月が流れていた。

今こそ深刻な「難民時代」

しかし、「ポーランド孤児救済」の物語は、日本とポーランドとの人道的な物語として「良かった」で終わらすわけにはいかない。１００年前に比べて、現在の国際社会がかつてないほど深刻な「難民時代」にあるからだ。国連難民高等弁務官事務所（ＵＮＨＣＲ）が発表した世界の難民・避難民の報告書によると、国外に逃れた難民や難民申請者などの合計が２０１９年末で約８０００万人

（推計）に上った。もちろん過去最高の記録を更新中である。さらに新型コロナウイルスの感染拡大を受けて、世界の90か国が難民受け入れを一時停止するなど、難民はこれまで以上に過酷な環境に置かれている。増加は10年で倍増ペースであり、「難民1億人」時代は時間の問題になってきた。

日本は少子高齢化による労働力不足を補うために外国人労働者の受け入れを急速に進めているが、肝心の難民受け入れには極めて消極的である。外国人労働者受け入れについても、実質的な「移民」受け入れであるにもかかわらず、日本政府は「移民政策ではない」と説明する。確かに、ドイツは2016年頃から大量の難民を受け入れ治安が悪化し、雇用から文化・伝統までさまざまな面で軋轢を生んでいる。しかし、新型コロナウイルスの感染が収束に向かえば、世界は再び人口流動化に戻るだろう。政府の説明とは裏腹に、日本が移民を受け入れないという現状は、選択肢として相当に難しくなりつつある。それと連動する難民問題も生半可なことでは乗り切れそうにない。

＊注

［1］ポーランド孤児救済の人数は、「763人」とした。これは、記念館「人道の港敦賀ムゼウム」（敦賀市金ヶ崎町）の「ポーランド孤児」の展示室にある人数を採った。元ポーランド大使の兵藤長雄氏らは自著の中で「765人」と表記している。

［2］英国、フランス、米国及び日本は1918年8月、シベリアのチェコ兵捕虜救出を口実にシベリアに派兵した。ロシア革命に対する干渉戦争の一環であり、反革命軍を支援した。しかし、反革命軍の崩壊で米英仏3か国は撤退したが、最大7万2000人の軍隊を送りこんだ日本軍は1922年までシベリアに留まった。

埋もれていた人道の船「陽明丸」

書家・北室さんの運命的な出会い

ポーランドの孤児救出と同時期に、日本の民間汽船会社の貨物船「陽明丸」(排水量1万6799トン)が、ロシア国内を3年近く彷徨していたロシア人の疎開児童約800人を、米国の赤十字社と連携して救助した物語がある。1920年7月から11月にかけてのことだ。当時のロシア国内は革命後の内戦や日本をはじめ英、米、仏各国などによるシベリア出兵という厳しい国際情勢下にあった。しかし、人道的な救済劇である「陽明丸」の全容もまた、日本で明らかになったのはごく近年のことである。

発端は、書家で篆刻《てんこく》作家である北室南苑《きたむろなんえん》さんが2009年9月に古都サンクトペテルブルクで初めての個展を開いた際に、ロシア人疎開児童の子孫であるオルガ・モルキナさんから、疎開児童を救済した「陽明丸」の「カヤハラ船長」を探していると相談されたことだった。オルガさんとの出会いに運命的なものを感じた北室さんは、帰国後に「陽明丸」の事績を丹念に追跡し、約2年がかりで歴史に埋もれていた救済劇の全容を明らかにした。

北室さんは2013年10月、オルガさんと並んで東京の日本記者クラブで記者会見[*1]し、それまでの調査の経緯などを明らかにしたが、私が全容を知ったのはその記者会見がきっかけだった。貨物船「陽明丸」を提供したのは、神戸市にあった汽船会社の勝田銀次郎社長であり、疎開児童が〝大恩人〟として忘れることのなかった「幻のカヤハラ船長」とは、岡山県笠原市出身の茅原基治《かやはらもとじ》氏であった。

ウラル山中を転々とした〝謎の子どもたち〟

ロシア人学童疎開の救出劇とは、いったいどのような出来事なのであろうか。発端は1917年11月のロシア革命後の混乱にあった。当時の首都ペトログラード（現サンクトペテルブルク）にいた学童約800人は1918年5月に戦火を避け南ウラル地方に疎開したが、内戦は激化し首都の自宅へ戻ることができなくなってしまう。

当時、南ウラルには第1次世界大戦で帝政ロシア軍に捕虜となったチェコスロバキア軍団がいた。その軍団の一部が、ロシア革命の混乱に

記者会見する北室南苑さん（右）と、オルガ・モルキナさん（左）（筆者撮影）

乗じて武装蜂起しボリシェビキ派（赤軍）と軍事衝突した。この戦火から逃れるため疎開児童の集団は、ウラル山中を転々とし始め、生まれ故郷へ戻るために3年近い逃避行を強いられることになったわけだ。さらに、情勢を悪化させたのは、日本を含む米英仏など列強国のシベリア出兵（1918年8月）であった。共産主義の拡散を警戒する列強国は、武装蜂起を契機に反革命派の〝チェコ軍団救済〟の名目でシベリアに派兵した。日本もウラジオストクを拠点にシベリアに最大で7万2000人の兵士を送りこんだ。

西欧世界に「ウラル山中をさ迷う謎の子どもたち」の噂が広がったのは、そんな複雑な軍事情勢下においてであった。噂にまず反応したのは米国で、米赤十字社のシベリア救援隊が捜査を開始し1918年11月に子どもらを見つけ出し西シベリアのオムスクに保護した。しかし、翌19年8月には赤軍によるオムスク攻撃が激化したため、米赤十字社は子供らを極東のウラジオストクへ移送する。子どもらはシベリア鉄道での6000キロを約1か月に及ぶ長旅の末、ようやくウラジオストクの安全な施設に収容された。ちなみにウラジオストクとサンクトペテルブルクを結ぶシベリア鉄道は、1904年に開通したが、建設を急いだのは日露戦争のためだったといわれる。

凄惨な「尼港事件」で危機迫る

しかし、追い打ちをかけるように子どもたちの運命に大きな影響を及ぼす事件が発生する。それは、日本人に衝撃を与えた「尼港《にこう》事件」であった。シベリアに出兵していた日本軍と在留邦人を合わせた約700人がロシアの赤軍に殺傷されたという衝撃的な事件であった。赤軍のパルチザン（遊撃隊）は1920年1月、日本が駐留していたアムール川河口にあるニコライエフスク（尼港）を包囲して攻撃、日本の守備隊350人を降伏させた。だが、日本側は反撃するために捕虜となっていた守備隊に民間の日本人義勇隊380人が加わり蜂起した。結果はみじめな失敗に終わり、日本人の大半が戦死するとともに170人が再度捕虜として投獄された。その後、パルチザン側は5月に撤退したが、その際に生き残っていた日本人捕虜全員を処刑し、街全体を焼き払った。

「尼港事件」は、日本が第1次世界大戦の戦勝国となり、国際連盟の常任理事国（1920年1月）として世界のリーダー国に躍り出た矢先の軍事的事件だっただけに深刻な悪影響を及ぼした。シベリア出兵後、米英仏3か国がいち早く撤兵したのに対し、日本がシベリア出兵をずるずると長引かせた要因のひとつは尼港事件にあった。事件後、ソ連政府がパルチザンの責任者を処刑し、日本側は賠償として「北樺太」を保障占領した。最終的に決着したのは1925年の日ソ基本条約で日本とソ連との国交が樹立された時であった。日本の学校における歴史教科書ではさらりと触れられるだけの尼港事件だが、シベリア出兵の長期化をもたらし、国際的なリーダーとして台頭した日本の出鼻をくじき、その後の日本外交と安全保障政策に多くの課題を突き付けた事件であった。

聖路加国際病院の創始者　トイスラー博士

衝撃的な「尼港事件」によって、シベリアでは日本軍と赤軍の大規模な軍事衝突が起きる可能性が一気に高まった。追い詰められた米赤十字社はウラジオストクの疎開児童を米国経由の海上輸送で郷里のペトログラードへ送還することを決断し、列強各国の船舶会社に傭船の依頼をした。しかし、ことごとく断られてしまう。この窮状を救ったのが東京にいた聖路加病院（現聖路加国際病院）の創始者である米人のルドルフ・B・トイスラー博士（1876～1934年）であった。

トイスラー博士は1900年に米国聖公会の宣教医師として来日し、東京・築地明石町の外国人居留地にあった古い「健康社」（築地病院）を1902年に買い受け、聖路加病院を創設した。しかも、同博士は米国がシベリア出兵した1918年には、米赤十字社シベリア救援隊隊長として現地に赴任しており事情を熟知している人物だった。ウラジオストクの救援隊から移送作戦の連絡を受けた同博士は日本で素早く行動を起こし、「傭船」に応じてくれる船舶会社を見付け出した。それに応えた救いの神が、〝神戸の船舶王〟と言われた「勝田汽船」の勝田銀次郎（1873～1952年）社長だった。

勝田社長は、1919年に竣工したばかりの貨物船「陽明丸」を傭船として提供することを決め、1か月で貨物船から客船に改造、その費用を自腹で支出した。勝田汽船は第1次世界大戦後の海運不況で倒産したが、勝田氏自身は1933年から2期連続で神戸市長を務め「鉄腕市長」と呼ばれた。勝田社長がトイスラー博士の要請に応じた経緯はつまびらかではないが、北室さんは記者会見で「勝田社長はミッション系の東京英和学校（青山学院大学の前身）の予備学部に籍を置いていたことがあるので、そうしたつながりで応じたのではないか」との見方を示した。

「陽明丸」の軌跡

「陽明丸」は1920年7月13日にウラジオストクを出航し、まず室蘭に寄港した。その後、サンフランシスコ、パナマ運河、ニューヨーク、フランスのブレストを経由して、10月10日にフィンランドのコイビスト港（現ロシア・プリモルスク）に到着した。その後、子どもたちはグループに分かれ順次帰郷し、最後の子どもがペトログラードへ戻ったのは1921年1月だった。疎開開始から2年8か月の歳月が流れていた。

記録によると、乗船者はロシア人男児（人数428）、同女児（351）、ロシア婦人（87）、ドイツ・オーストリア兵士（77）、米赤十字社幹部（16）、米YMCA派遣員（1）の総勢960人で、ほかに乗組員60余人がいた。最初の寄港地・室蘭では、市民が歓迎し、訪れた室蘭市立武揚小学校などではお土産を沢山もらい、疎開児童は貴重な思い出としてその後もずっとお土産を保管していたという。

オルガさんの祖父母はともに「陽明丸」で救済された子どもであり、幼少のころから祖父に奇跡的な救出の話を聞かされていた。オルガさんは「この人道的な物語を忘れさせてはいけない」とロシアや米国内の資料を探し調査を続け2冊の著書を出版した。しかし、オルガさんはいくら調べても祖父から聞いていた「カヤハラ船長」の消息をつかむことはできなかった。実は、1960年代に米国で疎開児童救済に関する米赤十字社の活動記録の書物が刊行されていたが、そこには「カヤハラ船長」の名前は記されていなかった。

茅原船長の義憤に満ちた「手記」

「カヤハラ船長にお礼が言いたい」というオルガさんの懇請に、北室さんは地道で丹念な調査を続け、大恩人の「カヤハラ船長」が岡山県笠岡市出身の茅原基治氏（1885〜1942年）であることを探り当てた。そして何よりも、北室さんがすごいのは、埋もれていた茅原船長の貴重な手記『赤色革命余話　露西亜小兒團輸送記』（ロシア小児団輸送記）を見つけ出したことだといえる。茅原氏は旧制金光中学（現金光学園）を卒業しているが、母校の金光図書館に貴重な手記が眠っていた。53頁の小冊子だが、そこには航海日誌をはるかに超える深い省察が記されていた。

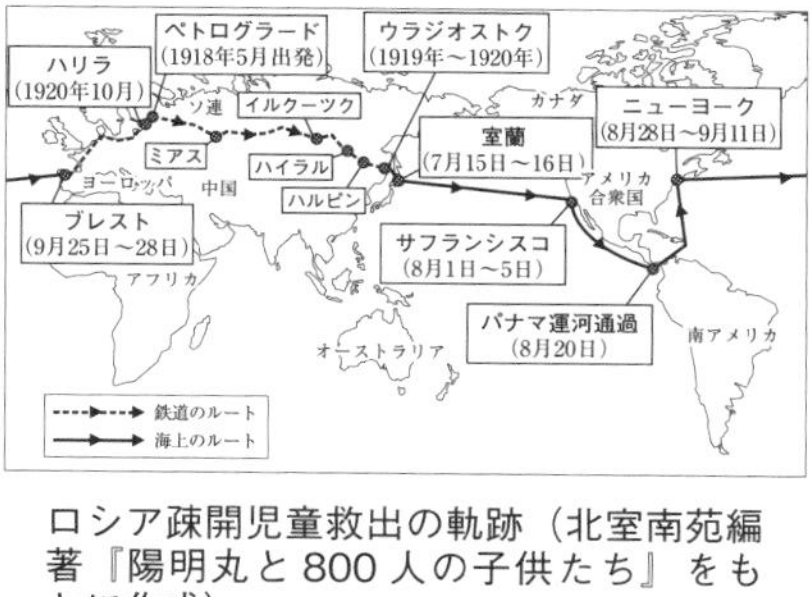

ロシア疎開児童救出の軌跡（北室南苑編著『陽明丸と800人の子供たち』をもとに作成）

注目すべきは、「陽明丸」がパナマ運河を通過した時の記述である。パナマ運河は約10年の歳月をかけて１９１４年に開通したが、建設は難工事とマラリアの蔓延でトラブル続きだった。フランスが事業を投げ出し、それを引き継いだ米国が、パナマ運河一帯を健康地にするために根気よく渓流や池沼に石油を散布して蚊と蠅を絶滅したことを挙げ、「何事にも拙速猪突をやる我ら日本人は、大いにこの点に学ぶべきものがあろう」と指摘し、次のように記した。

「生命線満蒙を開発せよと叫びながら、やがては命からがら逃げて帰るであろう青年の、徒手《としゅ》空拳《くうけん》で雪の荒野に飛び出して行くのを、拱手傍観《きょうしゅぼうかん》している我が国朝野の有識者は、米国政府がパナマに払った周到なる用意を、考察するの必要がありはしないか」（原文のママ）[＊2]と指摘した。満州・内モンゴルが日本の生命線であるのなら、日本はなぜもっと周到に準備をして周辺国の理解を得るように尽力しないのか――そんな船長の義憤がにじみ出ている。茅原船長がこの手記を知人や関係者に配布したのは１９３３年1月のことで、「陽明丸」の航海から13年も経過していた。しかも、日本は１９３１年に満州事変を起こし、「満蒙は日本の生命線」（松岡洋右外相）として、せっかく常任理事国となった国際連盟を１９３３年3月に脱退した。そういう状況下では、批判的な記述のある手記を堂々と出版することはできなかったのだろう。配布部数は極めて限られ、北室さんによれば「現存するのは1冊だけ」だという。茅原船長は手記の最後に、可憐なロシアの子どもたちが幸福な生活を送っているかどうかに想いをはせながら、「陽明丸」が１９２９年7月に「宮城県金華山の海岸で、濃霧のため暗礁に乗り上げ沈没した」と記して筆をおいた。そして、茅原船長は第2次世界大戦での日本の敗戦を見ることなく、1942年に死去した。

日本のない世界史、世界のない日本史

「ポーランドの孤児」と「陽明丸」の二つの人道の物語は、東西冷戦が崩壊する1990年代初めまで、日本国内で語られることはほとんどなかった。しかも、物語の背景にある1920年代の日本の国際的な立場や複雑な極東シベリア情勢を知ることも、教えられることもなかった。戦後の学校の歴史教育では、日本の近現代史の学習は授業時数が足りなくて尻切れトンボで終わることが常だった。そんなことが戦後70年も続いてきた。

しかし、細谷雄一慶大教授が「世界が出て来ない日本史も問題だが、日本が出て来ない世界史も問題がある」と指摘しているように、冷戦崩壊後30年以上が経過したグローバル化の時代から見れば、学校でのこれまでの歴史学習はいびつな教育だったといえるだろう。幸い、教育現場では2020年度の学習指導要領改訂で、グローバル時代に即した新しい「歴史総合」と「地理総合」が必修化されることとなり、22年度から実施されることになった。日本と世界が並列的に語られ、世界の中の日本という地理が強く意識されることになる。日本がかかわった二つの救出劇が国際情勢と密接な関係にあったように、世界と日本をより複眼的に、かつ時空的な感性を持って思考できる若

い人たちがひとりでも多く育つことにつながればいいと思う。

＊注

［1］北室南苑さんらの日本記者クラブでの記者会見（https://www.jnpc.or.jp/archive/conferences/26308/report）

［2］『陽明丸と800人の子供たち』（並木書店）240頁。茅原基治船長の手記は、現代かな遣いに改められ、全文が編著に収録されている。

4章 開国と太平洋時代

ジョン万次郎が憧れた捕鯨。「アメリカ式捕鯨の操業」（出典：勇魚文庫所蔵 https://www.whaling.jp/culture.html）

ジョン万次郎と「英語の世紀」

波瀾万丈の冒険譚

〝ジョン万次郎〟こと、中浜万次郎（1827〜98年）は幕末から明治初期における開国の最前線で波乱の人生を生き抜いた歴史的人物である。万次郎の地元・高知では、幕末の革命的な志士である坂本龍馬（1836〜67年）と並ぶ有名人である。生死を分ける遭難から米国捕鯨船による救出、米国での教育、さらにはペリー来航前後の国難の中で活躍した万次郎の数奇な運命については、多くの評伝、小説、論評が書かれてきた。

運命とは不思議なもので、読み書きもできない漁師で終わったかもしれない万次郎は実に多くの顔を持っている。第一の顔は、遭難による無人島での生死をかけたサバイバルを生き延びたという冒険者の顔である。四国・足摺岬近くの高知県土佐清水市中浜（現在）の貧しい漁師の子と

中浜万次郎
（出典：Wikipedia）

して生まれた万次郎は1841年1月、漁師見習いとして出た初漁で遭難してしまう。江戸時代は鎖国で大型船の建造は禁止され、多くの船が荒波に弱い〝平底〟であったため運搬船や漁船が海難事故に遭うことが多かった。

万次郎が乗船した船も長さ8メートルの「三丁櫓《ろ》」で、乗組員は5人という小型漁船だった。地元漁師が「アナゼ」と呼ぶ猛烈な暴風雨で航行不能になり、黒潮に5日半も流され無人島「鳥島」に漂着する。鳥島は東京都心から約580キロメートルも離れている。今では国の特別天然記念物に指定されているアホウドリ、別名〝藤九郎〟の一大生息地だが、この水も食料もない無人島で万次郎らは143日間に及ぶ死と隣り合わせのサバイバル生活を送った。

ラッキーだったのは、万次郎ら5人は米捕鯨船「ジョン・ハウランド号」に奇跡的に助けられ、その船長が人徳のあるウィリアム・ホイットフィールド船長であったことだと言える。捕鯨船はハワイに寄港し万次郎以外の4人の仲間を当地に残し、万次郎だけが船長の強い勧めで捕鯨船に乗ったまま米東海岸マサチューセッツ州ニューベッドフォードのフェアヘイブンに帰港した。船

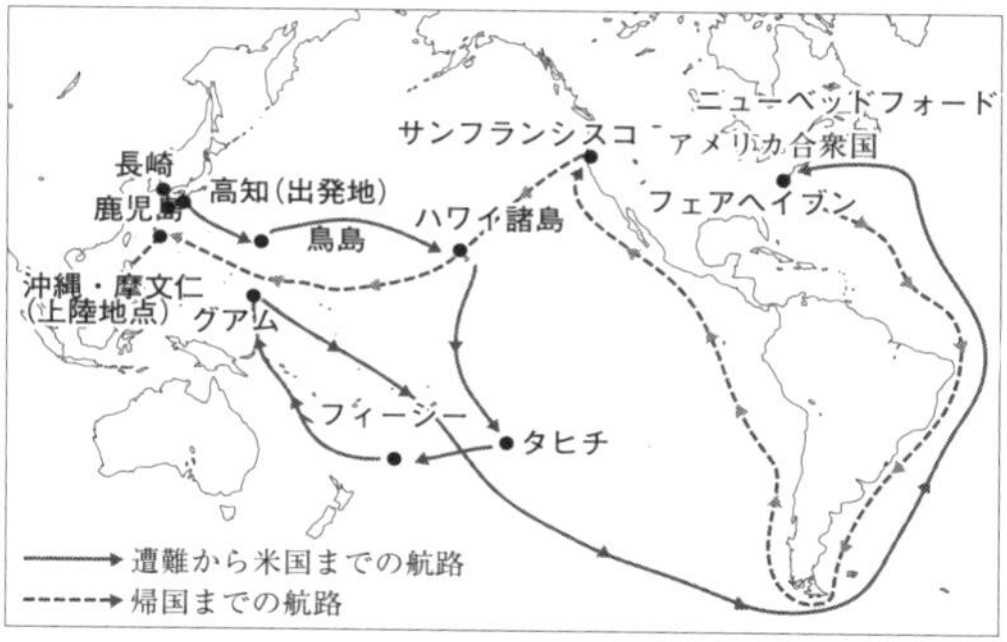

ジョン万次郎の遭難経路と11年後の帰国航路

長の故郷であり、その養子となった万次郎は私塾バートレッド・アカデミーなどで英語、数学、測量、造船技術を学ぶ。言葉のハンディにもかかわらず成績はトップクラスで、万次郎は米国への最初の留学生と言われ、米国内では「アメリカを発見した少年」と呼ばれている。卒業後は自ら望み、捕鯨船員として大西洋と太平洋を3年余も駆け巡り、世界史的な見聞を広めた。当時、世界の捕鯨船は約900隻で8割以上が米国籍であり、万次郎が降り立ったニューベッドフォード港は米国の第一の捕鯨船基地だった。

開国への功労者

万次郎のもう一つの顔は、尊王攘夷《そんのうじょうい》の嵐が吹き荒れる中で鎖国から開国への道を切り開いたグローバルな功労者としての顔である。万次郎は1850年に日本への帰国を決心し、ゴールドラッシュに沸くサンフランシスコに渡り金採掘で資金を作った。そして翌51年に上海行きの商船で日本まで近づき、稼いだ資金で用意した上陸用の小舟「アドベンチャー号」で漂流仲間の伝蔵と五右衛門の二人とともに沖縄の大渡浜（沖縄県糸満市）に上陸した。しかし、鎖国令のため万次郎らは罪人扱いとなり薩摩藩（鹿児島）と長崎奉行で長時間の尋問を受け、さらに土佐藩での取り調べが続き、生まれ故郷の中浜に戻ったのは帰国から1年半後だった。土佐藩では、参政の吉田東洋から長時間の聞き取りが行われその内容は河田小龍によって『漂巽紀畧《きりゃく》』にまとめられた。幕末の志士で革命家であった坂本龍馬はこの本を読み込んだといわれる。

余談だが、万次郎は11年ぶりの故郷への途中の道で、うれしさから大声で英語の歌を歌い出したという。「おお、スザンナ泣くのじゃない　バンジョー持ってでかけたところです」、その歌はゴールドラッシュの米西海岸で大ヒットし愛唱されていたスティーブン・フォースターが作曲した「おお、スザンナ（Oh! Susanna）」（1848年）だった。万次郎は歌好きで、雰囲気作りに何げなく歌ったといわれている。

しかし、故郷でゆっくりと休むはずだった万次郎の人生は急転した。「泰平の眠りを覚ます上喜撰（蒸気船）、たった四杯で夜も寝られず」とうたわれた黒船来航である。米国のマシュー・ペリー提督の来航（1853年7月8～17日）の8日後に土佐にいた万次郎は幕府から呼び出された。ペリーとの交渉は幕府のオランダ通詞が通訳したが、オランダ語を介して日英両語に二段階で通訳されたため意思疎通が不十分で、語学的な対応能力の限界を浮き彫りにした。この時、著名な蘭学者・大槻玄沢の子である大槻磐渓《ばんけい》（漢学者）が幕府に英語に堪能な万次郎の登用を進言する。

幕府の命で江戸入りした万次郎は、江戸城に呼び出され家老首座の阿部正弘、水戸藩主の徳川斉昭《なりあき》ら幕閣主要メンバーの前で日本の「開国」を進言した。力量を買われた万次郎は幕府直参に取り立てられると同時に、幕府随一の開明派と言われた江川太郎左衛門（江川英龍、1801～55年）に預けられる。江川は伊豆韮山の代官として世界遺産に登録された「韮山反射炉」を作った人物である。

江川の秘書役という役柄で20俵12人扶持を得た万次郎はこの時以来、故郷の名をとって「中浜万次郎」と名乗るようになった。

〝英語の世紀〟の先駆者

万次郎の米国体験は、幕府にとって貴重な情報源であり開国に不可欠のものであった。同時に、好奇心旺盛な万次郎は欧米の知識普及や技術の導入に大きな役割を果たした。中でも、幕末から始まったグローバルな〝英語の世紀〟の中で、万次郎が身をもって主導した英語教育における功績は大きかった。

歴史的に見ると、日本が本格的に「英語」と出会ったはじめは、1600年4月に豊後臼杵《うすき》（大分県臼杵市）に漂着したオランダ船「リーフデ号」の航海士兼水先案内人だった英国人ウィリアム・アダムス（1564～1620年）であった。アダムスは将軍・徳川家康に認められ幕府と外国使節との通訳を務め、長崎平戸のイギリス商館開設（1613～23年）に尽力する。1613年にはイギリス東インド会社の「クローブ号」が来航した際、家康らとの謁見を実現させて日本との交易を許可する朱印状を取りつけている。「三浦按針《あんじん》」の日本名を与えられ武士として生きたが、鎖国体制の強化で晩年は不遇となり、幕臣らに警戒されながら平戸で死去した。

日本と英語世界との次の出会いは、それから約200年間も飛んでいる。1808年に起きたイギリス戦艦「フェートン号」の長崎港への不法入港事件で、同艦はナポレオン戦争（1803～15年）の影響で、当時フランスの支配下にあったオランダ船舶の拿捕《だほ》が目的で長崎に侵入した。オランダ人を人質として薪水《しんすい》や食料の提供を要求したがうまくいかずに引き揚げた。しかし、長崎奉行はフェートン号事件の責任を取って切腹し、幕府は翌1809年に長崎の和蘭通詞に「英語」「露語」などの兼修を命じた。これが日本の英語教育の端緒となった。

舞台裏で支えた日米交渉

英語教育は黒船来航で一気に加速する。ペリー来航後、幕府は「通詞が通訳、蘭学者が翻訳」という業務分担体制の確立を図りながら、1855年には従来の「天文方」とは別の「洋学所」を設立し勝海舟や蘭学者の箕作阮甫《みつくりげんぽ》に担当させた。だが英語の堪能な通訳が絶対的に不足しており、「洋学所」とは別に万次郎のような漂流民の語学堪能者が集められた。

ところが、1854年2月のペリー再来航の交渉で、万次郎は表舞台の交渉から外されてしまう。米国事情に精通している万次郎をスパイではないかと疑った徳川斉昭が反対したためだった。このため、交渉は再びオランダ語を軸に日英に翻訳して行われ3週間もかかった末、同年3月3日に全12条からなる「日米和親条約」が締結された。だが、万次郎は交渉の場から外されながらも裏舞台で様々な諮問に応え内容の不平等性など交渉の問題点を指摘した。万次郎は「このような不平等条約は締結すべきでない」と進言したという。さらに日米両国は1858年7月に「日米修好通商条約」を締結したが、案の定、裁判権、租借料、貨幣交換比率など不平等条約となり、日清戦争（1894~5年）で日本が勝利するまで不平等条約が解消されることはなかった。なお、日米和親条約の日本側原本は明治維新前に消失している。江戸城に保管されていた重要書類が火災で焼失し、条約原本はその中に含まれていたという。

万次郎が咸臨丸《かんりんまる》で教えた「ABCの歌」

万次郎の能力は群を抜いており、幕府は1854年に万次郎を天文方和解《わげ》御用に、56年には軍艦教授所の教授に任命する。この間にN・バウディッチの航海術の指南書を抄訳している[*1]。特に万次郎が際立ったのは、日米修好通商条約批准のために1860年に渡米した「咸臨丸」における活躍である。万次郎は出航に間に合わせるために日本で初めての英会話本『英米対話捷径《しょうけい》』を1859年秋に刊行した。縦15センチ、横11センチの小型本で、時候、あいさつ、安否、雑話などについて具体的な例文が分かり易く列記されていた。

また、万次郎は1851年の帰国の際にも「イギリス文法書」を持ち帰っているが、同書をもとに藩書調所が翻訳した『伊吉利《いぎりす》文典』は、幕末から明治の初めの洋学者には必携の文法書であり、この恩恵に浴さなかった者はいなかったといわれる。64ページの小文典であまりに薄かったので

「木の葉文典」と言われた。英語習得者には、さしずめ昭和期の受験用英単語小辞書、通称〝マメ単、赤単〟と言われた旺文社の英単語辞典と似たような存在であったと言えようか。

　蒸気船「咸臨丸」はオランダから購入したばかりの新鋭船で、日米修好通商条約を批准する正使一行が乗る米軍艦「ポーハタン号」の伴走船としてサンフランシスコに向かった。「咸臨丸」の総責任者は軍艦奉行の木村摂津守、艦長が勝海舟（当時38歳）、通弁が万次郎（34歳）で１０７人が乗船した。この中に福沢諭吉（27歳）もいた。勝海舟が強烈な船酔いでほとんど船室に籠りっぱなしだった話は有名である。「咸臨丸」は１８６０年2月10日に浦賀を出航し、３月14日にサンフランシスコ港に入港した。

　万次郎は艦上で福沢ら乗組員に日英会話を教えたが、先述の英会話本の最初に「歌之安辨制《あべせいのうた》」を紹介している。これは「ＡＢＣの歌」であり、お馴染みの「きらきら星」のメロディに乗せて歌う。幼稚園や保育園で歌われることが多いが、万次郎が日本に初めて紹介した「ＡＢＣの歌」の影響は大きく、１８７４年には東京でＡＢＣの横文字菓子（ビスケット）が売り出され、さらに英字煎餅《せんべい》も売り出されたという。最近はあまり見かけないが、ＡＢＣビスケットの元祖は風月堂（現東京風月堂）の米津松造だったという。

船舶購入で本領発揮

サンフランシスコ上陸後の中浜万次郎と福沢諭吉は、二人そろって「ウェブスター辞典」を一冊ずつ購入した。日本人初の同辞典購入であり、福沢諭吉は〝辞典輸入第一号〟と『福翁自伝』の中で自讃した。万次郎が購入した中では、当時極めて珍しかったのが「銀板写真機」（ダゲレオタイプ写真機）であった。持ち帰ると撮影希望者が多く、土佐藩主の山内容堂や英語の弟子である大鳥圭介（のちの歩兵奉行）らを撮影している。万次郎はミシンも持ち帰っているが、もちろん日本への輸入第一号であった。刮目すべきは、米国で習得した航海術や造船知識を駆使して薩摩、土佐両藩で猛烈な艦船や船舶の購入を行ったことである。万次郎は１８６４年に西郷隆盛の要請で鹿児島の「海軍教授方」に就任し、薩摩藩のために長崎で外国船５隻を購入。その2年後には土佐藩校「開成館」の英語教授のかたわら、同藩参政の後藤象二郎（１８３８～97年）とタッグを組み船舶購入に奔走した。

当時、万次郎は長崎・出島に頻繁に出入りし、英国人トーマス・グラバーやオランダ人シャス・レーマンらの貿易商と得意の英語で交渉を重ね大量の銃砲や弾薬を購入した。しかし、長崎で目的の艦船が購入できないと分かると万次郎と後藤は中国・上海に二度も足を運び、砲艦『若葉』や蒸気船『夕顔』など合計8隻の外洋船を電光石火の速さで購入した。これらの船はやがて後藤象二郎と岩崎弥太郎が設立した「九十九商会《つくもしょうかい》」を経て、岩崎が立ち上げた「三菱商会」へ引き継がれた。

この間に万次郎は日本で最初の捕鯨産業育成にも尽力している。

〝日米草の根交流〟のシンボル

激動を走り抜けた万次郎の転機は、1870年夏の明治政府の訪欧団の通訳としての旅の途中で起きた。目的は普仏戦争（1870〜71年）の視察で、大山巌（のち元帥）や品川弥次郎（枢密顧問官）らに随行した。しかし、万次郎はロンドン入りした時、足の腫物《はれもの》の激痛からリタイアし帰国する。これを契機に万次郎は急速に政治・外交の表舞台から身を引いていった。

しかし、万次郎は公職を離れたものの引く手はあまたで様々な活躍をした。例えば生命保険制度創設への寄与で、明治生命保険を創設した阿部泰蔵に重要な助言をした。また、明治初期の日米貿易の先駆者で、〝ノリタケ〟などの日本の陶磁器産業の祖と言われる森村市左衛門には、欧米人が好む陶磁器の色彩、図柄、形状について多くのアドバイスをしている。45歳を境に自適な老後を生き抜いた中浜万次郎は1899（明治31）年に71歳で死去した。墓地は現在、東京東池袋の雑司ヶ谷墓地にある。

ジョン万次郎をめぐる日米交流は、1918年に当時の石井菊次郎駐米大使がホイットフィールド船長の孫に日本刀を

東京東池袋の雑司ヶ谷墓地にある中浜万次郎の墓（筆者撮影）

贈呈し感謝の意を伝えたことに始まる。1940年には万次郎と船長の出会いから百年を記念して船長の曾孫が来日し、太平洋戦争直前の厳しい状況下にもかかわらず、東京の帝国ホテルで日米交流の宴を開催した。戦後は日米経済摩擦が激化する1987年に「万次郎生誕150年」を記念して、皇太子夫妻が船長の故郷フェアヘイブンを訪問した。1990年には「ジョン万次郎の会」が創設され、それが発展して現在の公益財団法人「国際草の根交流センター」（CIE）となり、いまや万次郎は日米草の根交流のシンボル的存在となっている。

＊注

［1］抄訳『亜美理加合衆国航海学書』は1857（安政4）年6月に完成した

万次郎が着眼した「小笠原諸島」の戦略性

井伏鱒二が描いた『ジョン万次郎』

漂流漁民として米捕鯨船に奇跡的に救助された中浜万次郎の波瀾万丈の生涯は、明治から大正期にかけて海外雄飛や立身出世の物語として描かれてきた。中でも、ジョン万次郎の実像を見事に浮き彫りにしたのが、小説家・井伏鱒二（1898～1993年）の直木賞受賞作『ジョン萬次郎漂流記 風来漂民奇譚』（河出書房）であった。井伏はその生涯を時流に乗らない独自の視点から鮮やかに描き出した。「ジョン万次郎」という呼び名は、この小説の表題で定着した。

留意すべきは、この作品が発表された1937（昭和12）年である。北京郊外において盧溝橋事件が勃発し本格的な日中戦争に突入した年であり、4年後には太平洋戦争（第2次世界大戦）に突入した。井伏の小説は発表の翌38年に第6回の直木賞を受賞している。精神的・物質的な困難さが加速していった戦争拡大局面で、井伏は度重なる難局を克服した万次郎の姿を淡々とした筆致で描き、当時の日本人が見失いかけていた、自分に誠実で且つ覇気ある生き方を取り返すように問い掛けたのだった。そんな生き方の象徴が、ジョン万次郎の夢であった「捕鯨」であり、万次郎を鍛え上げた「太平洋」の存在であった。井伏は小説の最後に、万次郎の見果てぬ夢について「捕鯨船を仕立てて遠洋に乗り出して鯨を追い回すことであった」と書いた。

実際、万次郎は捕鯨が大好きであった。米捕鯨船で働いていたときに巨大なウミガメを捕獲するためにナイフをもって単独で大海に飛び込んだ武勇伝がある。不漁続きで鯨が取れない。船内は不穏な空気になる。「誰かを犠牲にして海に投げ入れるか」そんな険悪な状況になった。その時、巨大なウミガメが泳いでいるのが発見された。航海士の一人が「新鮮な肉だ」と叫ぶ。何人かが船上から銛《もり》などを投げるがうまくいかない。ウミガメは潜り始めた。その瞬間、万次郎はナイフを手に船べりを越えて海に飛び込んだ。甲羅にまたがりひれあし（鰭脚）をつかむと強引に海の中へ引きずり込まれた。万次郎はカメの頭を押さえて細い首を探りナイフを立てた。浮かび上がると、乗組員仲間が歓声を上げ甲板を足で踏み鳴らしていた。それは、米作家ハーマン・メルヴィルの長編小説『白鯨』の主人公エイハブが白鯨と死闘の末に海底に引きずり込まれるような場面を彷彿とさせた。

メルヴィル（1819〜91年）は、万次郎と同時期に捕鯨船の乗組員となり太平洋へ航海したが、あまりに厳しい環境から脱走、南太平洋諸島を転々とした。『白鯨』には「鯨が死滅することはない」と書かれているが、当時すでに鯨は乱獲され絶滅の危機にさらされていた。メルヴィルは同時に、日本の鎖国についても「近い将来、捕鯨船の補給地確保のため日本を開国させることになるだろう」と示唆したが、それはやがて現実となった。

小笠原諸島の〝海洋戦略性〟

結論めいたことを先に言えば、ジョン万次郎の凄いところは、捕鯨の厳しさを十分すぎるほどに知りながら、太平洋が急速にグローバル化し植民地化されていく中で、太平洋の枢要さを肌身で感じ取り、その戦略性を鋭く理解していたことであった。

それは、当時、捕鯨船の経由地であった小笠原諸島に対する万次郎の言動に浮き彫りになっている。ジョン万次郎からすれば、1世紀後に太平洋を挟んだ日米両国が「太平洋戦争」を起こすとは夢にさえ想像できなかったに違いない。しかも太平洋戦争の敗戦の後遺症とは言え、戦後の日本がかくも長く「太平洋」の恩恵とその戦略的重要性への留意を怠るとは思い及ばぬことであった。

小笠原諸島は東京から南に約1000キロの洋上にあ

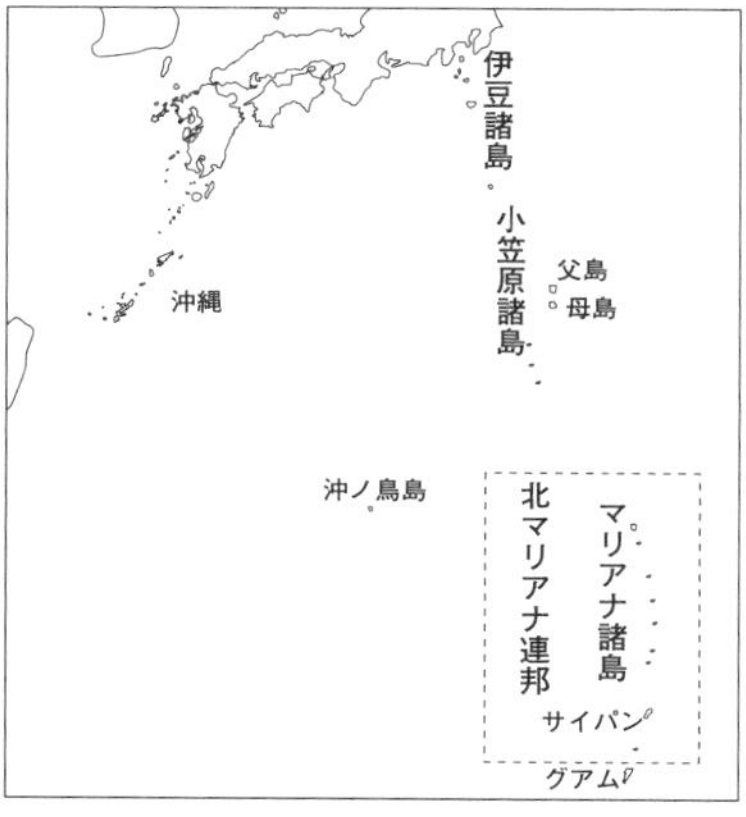

小笠原諸島周辺の地図

り、大小30以上の島々からなる諸島である。２０１１年にユネスコの世界自然遺産として日本で４番目に登録された。諸島の大半は無人島で、現在の諸島全体の人口は３０００人強である。歴史的に見れば、日本が同諸島の統治を各国に通告し「日本の領有」が確定したのが１８７６（明治９）年で、日本人38人が父島に定住した。しかし、太平洋戦争の末期に島民６８８６人は強制疎開を命じられて島を離れ、その後の敗戦で米国が占領した。

小笠原諸島が米国から返還されたのは１９６８年であり、２０１８年は返還から50年という節目の年であった。しかし、太平洋戦争の激戦地として知られる「硫黄島《いおうとう》」は同諸島の最大の島だが、常駐の自衛隊員以外の民間人の立ち入り（墓参、遺骨収集は除外）は今でも制限されている。太平洋上の海軍戦略基地としての重要度は太平洋戦争時代からまったく変わっていない。しかも、小笠原諸島の周辺海域は日本の排他的経済水域（ＥＥＺ）の約３割を占め、海底のレアアース開発などその地政学的な重要性を増している。

マゼランが名付けた「平和の海」

周知のことだが世界で初めて太平洋横断航海をしたのは、ポルトガルの航海者で探検家のフェルディナンド・マゼラン（１４８０～１５２１年）であった。スペイン・セビリアから出航したマゼランが率いる５隻の艦艇（帆船）は１５１９～22年に、大西洋を横断し南米大陸に沿って最南端のホーン岬を回り太平洋に入った。艦艇は食料と飲料水の不足に苦しみながらも嵐に遭うこともなく99日間も広大な海洋を無事航海した。そのことに感謝を込めて「太平洋（Pacific Ocean）」（平和の海）と名付けたのはマゼランであった。

残念ながら、マゼランはフィリピンのセブ島で島民との戦闘で戦死し、セビリアに戻った艦艇はたったの1隻であり生存者は18人に過ぎなかった。だが、マゼランが幕を開けた16世紀の大航海時代は、18世紀の英仏両国による太平洋探査で一気に経済的・戦略的関心を高め、太平洋全域の諸島は20世紀初頭までに西欧諸国によって次々に植民地化されていった。日本も第1次世界大戦以降にいくつかの島々を支配下に置いた。だが、太平洋の島嶼は第2次世界大戦後に次々と独立し、西サモアが１９６２年にドイツから独立することで18世紀以降の太平洋植民地時代は終わりを告げた。

日本人は、言うまでもなく歴然とした海洋民族である。日本は、有史以前から太平洋や日本海の自然に囲まれその恵みを享受し続けてきた。西欧人の日本上陸は、１５４３年のポルトガル船の種子島上陸と鉄砲伝来、１５４９年のフランシスコ・ザビエル（１５０６～52年）の鹿児島上陸とキリスト教布教に始まる。しかし、日本はその後の鎖国政策によって大航海時代とは隔絶した太平洋上の平和な島国として、植民地化されることなく存在し続けた。その帳《とばり》は黒船来航と明治維新によって開かれ、富国強兵のもと日露戦争（１９０４～５年）の勝利で日本は世界有数の海洋国家にまで上りつめた。しかし、太平洋戦争で日本は敗北し、海洋大国の座を失った。

太平洋の広さは1億6500万平方キロメートルで、地球総面積の約3分の1に上り、海洋全面積のほぼ半分を占める。日本海の160倍の広さだ。その広大な太平洋に西欧諸国が進出したのは18世紀後半からで、英国の探検家ジェームス・クック（1728〜79年）が1760〜70年代に「エンデバー号」や「レゾリューション号」で南太平洋を探検航海し数々の地理的発見をする。特に、クックの著書『南半球周航記』は人々の興味を掻き立て太平洋への関心を一気に高めた。1778年には、大英博物館にクックの海洋展示である「南海の間」までが開設されている。

植民地化の現実を見た万次郎

19世紀に入ると太平洋の自然資源への関心が高まり、西洋諸国の植民地化が加速していく。クジラ（鯨）、白檀《びゃくだん》、真珠、ナマコなど貴重な資源の獲得が目的で、特にクジラの脂《あぶら》は照明用ランプだけでなく機械の潤滑油として産業革命を支える重要な資源であった。また鯨骨（バーリン）は婦人服のコルセット用として珍重された。大西洋での捕鯨が乱獲で飽和状態になると、欧米の捕鯨船は南太平洋に進出し、特に上質な鯨油となるマッコウクジラを追って日本海域からアリューシャン地域まで漁猟の範囲を拡大した。日本周辺に出没し始めたのは1820年代からで、タヒチ、ハワイ、ニュージーランドなどは立派な捕鯨船停泊港となっていた。

漂流民ジョン万次郎ら5人が奇跡的に救出されたのは、こうした捕鯨船団の一つである米捕鯨船

「ジョン・ハウランド号」（排水量377トン）によってである。同船は1841年にハワイに寄港し万次郎以外の4人を現地に残し、万次郎だけが捕鯨見習い船員としてグアム、タヒチを経て1844年にウィリアム・ホイットフィールド船長の郷里である米東海岸に上陸した。

さらに万次郎は米国で約3年間の教育を受けた後、捕鯨船「フランクリン号」で1846年から大西洋、インド洋、東シナ海、太平洋の島々を寄港しながら3年4か月にわたり捕鯨を続けている。万次郎が訪れた航路を紹介すれば、大西洋からインド洋を経てティモール島、パプアニューギニア島、ソロモン諸島、グアムへ、さらには1847年春に当時「ニッポン群島」と呼ばれていた小笠原諸島の父島に上陸している。その後、台湾、琉球の海域を航行し、万次郎は東北地方の沖合780キロの地点で日本のカツオ漁船に遭遇したが、接触した船員の方言が分からずそのままハワイに向かってしまった。帰路はハワイからグアム、マニラ、ジャワ島北部を経てティモール島、マダガスカル島、喜望峰を回り1849年9月に北米に戻った。この間に捕獲したクジラは約500頭に上り、万次郎は350ドルという高い配当金を手にした。当時、万次郎はまだ21歳にしか過ぎなかった。

重要なことは、万次郎が長い航海を通じて太平洋の島々が西欧諸国の植民地にされていることを瞼《まぶた》に焼き付けたことであった。ハワイは米国領、フィジーは英国領、タヒチは仏領、サモアは米国・ドイツ領などとなっていた。米国政府は1836年に大西洋と太平洋の「捕鯨通商ルートの整備」を米国議会に提出し承認されていた。日本の周辺海域でも、米捕鯨船をめぐるトラブルが起きていた。『ラゴダ号』事件と呼ばれるもので、１８４８年６月、北海道の南東付近の海域で操業中に船内で反乱が起き、乗組員が脱走した。上陸すると日本家屋を襲い略奪を繰り返したが、逮捕され長崎に移送された。これを知った米国は東インド艦隊を長崎に派遣し投獄されていた米乗組員を９か月後に連れ戻している。当時、大西洋でのクジラが激減し太平洋から日本海に米捕鯨船が足を伸ばしており、日本近海には常時１００隻以上の米捕鯨船が操業していたといわれる。日本も20世紀に入ってマリアナ群島（グアム除く）、パラオ諸島、カロリン諸島、マーシャル群島を事実上植民地化し統治した。が、これは第1次世界大戦でドイツが敗北し、そのドイツが支配下においていた諸島を国際連盟から〝委託統治〟を認められたものだった。

小笠原開拓事業への意欲

ジョン万次郎は米捕鯨船で１８４７年春に小笠原諸島・父島に10日間上陸したが、父島には既に17年前に入植したハワイからの白人や太平洋諸島の原住民ら約30人が住んでいた。万次郎は白人入植者らがいる父島の実態を知って、太平洋における小笠原諸島の戦略的な重要性を痛感した。万次郎の物語ではあまり注視されない部分だが、万次郎は日本へ帰国（１８５1年）して幕府に登用されると、勘定奉行の川路聖謨《としあきら》や勝海舟らに幕府の捕鯨業直営と「小笠原開発」を再三にわたり進言している。

米国のペリー提督も、自著『日本遠征記』（1856年）の中で小笠原諸島の戦略性を強調している。ペリー提督は日本来航の途次に小笠原諸島を調査し1853年6月に父島に租借地を設けた。この時、ペリー提督は小笠原諸島を太平洋横断航路の中継基地や捕鯨船の補給基地としてだけでなく、日本に開国を迫る前進基地とするように米議会に提案した。捕鯨業による自活の道として「小笠原開発公社」の設立も献策している。さらに、ペリー提督は同年7月に2隻の軍艦を派遣し、小笠原諸島を「コフィン諸島」と名付けるよう命令するとともに、米国の一部として占領するように指示した。しかし、米国のその後の対応は南北戦争（1861～65年）の影響で遅れて頓挫した。

アコーディオン持参の万次郎

これに対し、万次郎は1859年春に「捕鯨御用」を命じられると、小笠原諸島の近海へ捕鯨に出かけ、さらに万次郎は1861年初めに訪米を終えたばかりの「咸臨丸《かんりんまる》」で外国奉行・水野忠徳を団長とする「小笠原諸島開拓調査団」（107人）の普請役格・通弁として父島に再び上陸した。当時の父島には米、英、デンマーク人ら白人入植者が暮らしていた。万次郎直系の曾孫（4代目）である中濱武彦氏の著書によると、万次郎は上陸すると、外国人島民を集め日本の領土であることを納得させることに成功した。その際、「アメリカみやげのアコーディオンを持参し、現地で演奏し歌を歌って、交渉の場を和やかなものに演出した」としている。万次郎が音楽好きであったことがここでも活かされた。翌62年秋には八丈島から小笠原諸島へ入植する「開拓団民」が送り込まれ、父島に〝日の丸〟が高く掲げられた。この存在こそが、小笠原諸島を「日本領」とする重要な契機となった。これに対し米国が小笠原諸島に海軍を派遣したのは南北戦争後で、中濱氏によれば「（米海軍は）父島二見港の丘の上に『日の丸』が翩翻《へんぽん》と翻っているのを望見し、スゴスゴと引き返した」としている。

その後、明治政府は１８７６年に小笠原諸島の「領有」を宣言し、１８８２年には欧米系島民全員を日本に帰化させ、島の人口を１８９５年までに４０００人にまで増加させた。万次郎らの努力がなければ、小笠原諸島は米軍の極東戦略拠点となったサイパンやグアムのように、日本領ではなく〝米軍事基地〟となっていただろう。

1830 年	無人島の父島にハワイからの白人、太平洋諸島出身者が移住
1847 年春	万次郎、米捕鯨船で父島に寄港、10 日間滞在
1851 年	万次郎、日本へ帰国
1853 年 6 月	ペリー提督が来航
1853 年 7 月	ペリー提督、小笠原諸島に軍艦 2 隻を派遣
1856 年	ペリー提督、『日本遠征記』を出版
1859 年	万次郎、「捕鯨御用」に任命、小笠原近海で捕鯨
1861 年	「小笠原諸島開拓調査団」を派遣、万次郎が父島上陸
1862 年	八丈島から開拓団民が移住
1876 年	明治政府、「領有」を宣言
1882 年	欧米系島民ら全員が日本に帰化
1941 年	太平洋戦争勃発
1944 年 2 月	米海兵隊が硫黄島上陸
1945 年	終戦
1952 年	サンフランシスコ条約発効、小笠原諸島、沖縄・奄美が米施政権下に
1965 年	日本人の旧島民が小笠原へ初の墓参
1968 年 6 月	小笠原諸島の返還
2011 年 6 月	小笠原諸島の世界自然遺産登録

小笠原諸島とジョン万次郎の歴史的かかわり

中国の海洋進出で揺れる「インド太平洋」

太平洋戦争で敗北した日本は戦後76年を経過した今、海洋戦略において「自由で開かれたインド太平洋」という新しい構想に取り組んでいる。太平洋からインド洋における海洋安全保障が、世界的な戦略課題となっているからだ。中でも、驚かされたのはマティス米国防長官（当時）が2018年5月にハワイでの米太平洋軍司令官交代式で、「太平洋軍」という戦後一貫した由緒ある名称を「インド・太平洋軍」と改称したことだった。呼称の変更は、米国の海洋覇権戦略の大きな転換を意味した。

しかし、この「インド太平洋」という表現は、日本が米国よりも先に打ち出した海洋戦略的概念である。その契機は、2009~10年の尖閣列島周辺海域における中国漁船の侵入事件の続発にあった。米国が公式に「インド太平洋」と表明したのは、2010年10月のヒラリー・クリントン元国務長官のハワイでの講演であった。米国と日本、オーストラリア、インドなどとの連携強化を意図したもので、米国の「太平洋の世紀」のバージョンアップであったが、日本にとっても極めて重要な転換を意味した。

かなり前からよく目にするようになった海図が、中国の「第一列島線」と「第二列島線」の図である。1982年に人民解放軍海軍司令官に抜擢された劉華清《りゅうかせい》提督が打ち出した戦略で、「第一列島線」である日本—南西諸島—台湾—フィリピンまでの内側を〝領有化〟し、「第二列島線」である横須賀―グアム―ニューギニアの西太平洋内側における米国の制海権を〝無力化〟するというものだ。35年以上を経過し、「内陸国家」であった中国の海軍力増強とその影響力は急速に拡大し続けている。

海洋の「航行の自由」は国際法の基本的なルールであり、その普遍的管轄権は17世紀以降に国際社会で確立されてきた。だが、万次郎は捕鯨で巡った太平洋の多くの島々が植民地化されている矛盾を目撃した。だからこそ、万次郎は小笠原諸島にこだわった。日本はもっと海洋に目を向けて、海洋が持つ役割と利益について正しく理解し、海と共存していかなければならないのではないか。ジョン万次郎は、多様性に富んだ太平洋にそんな思いを抱き続けていたのかもしれない。中国の著しい海洋進出で「インド太平洋」構想が国際政治の舞台で脚光を浴びる中、もし万次郎が生きていればこの新しい海洋秩序形成へ向けた波の高まりをどう受け止めるのであろうか。

5章 二つの海難事故

天然の良港・伊豆戸田から臨む富士山（筆者撮影）

プチャーチン提督と川路聖謨（戸田造船郷土資料館展示、筆者撮影）

プチャーチン来航と安政東海大地震

日露〝ゆかりの地〟下田と戸田《へだ》

最初の海難事故の話は日露両国の開国交渉にかかわるものである。私は、日露両国の歴史的な〝ゆかりの地〟である伊豆の下田と戸田《へだ》を2013年冬に訪問した。日露友好フォーラム（会長・安倍晋三首相、当時）の主催による視察旅行で、日本のロシア研究者らとともに在日ロシア大使館員も参加した。言うまでもなく、下田は幕末の1855（安政2）年2月7日に「日魯通好条約」[*1]が締結された場所である。この条約こそ、日露外交の最大懸案となっている「北方領土4島」の日本帰属を確定させた原点の条約に他ならない。だから、日本では2月7日が「北方領土の日」となっている。

伊豆半島

一方、戸田（静岡県沼津市）は、「海廊伝説」をはぐくんだ御浜岬《みはまみさき》に囲まれた風光明媚な港だ。戸田港の湾口に砂嘴《さし》が作り出した700メートルの岬によって、港内は極めて波静かで、外海から隔てられた安全な港となっている。実は、日魯通好条約交渉のために来航したプチャーチン提督は下田港に艦船「ディアナ号」を停泊させていたが、条約締結前に起きた安政東海地震（1854年12月23日）の津波で艦船が大破する被害にあった。プチャーチン提督がその修理の場所として選んだのが戸田港であった。

視察旅行にはアファナシェフ駐日ロシア大使（当時）も参加予定だったが、急な外交日程のためキャンセルされた。しかし、大使の家族らが参加した。ロシアにとっても下田と戸田は、今でも変わらぬ歴史的記念の地なのである。日本人が「一番好きなロシア人」と言われるプチャーチン提督と「ディアナ号」の修理の顛末《てんまつ》、それに協力した戸田の船大工について歴史をさかのぼる。

「北方領土4島」の原点

戦後の日本外交の中で、旧ソ連及び現ロシアとの北方領土交渉は〝操《みさお》外交〟と言われ、日本は「北方領土4島」返還にこだわり続けてきた。その原点ともいえる日魯通好条

プチャーチン提督
（出典：Wikipedia）

約は、日本側全権の筒井政憲《つついまさのり》（大目付格）川路聖謨《かわじとしあきら》（勘定奉行）らとロシア帝国全権のエフィーム・プチャーチン提督（1803〜83年）によって1855年に下田で締結された。この条約が極めて重要なのは、日露間の国境線を択捉島《えとろふとう》と得撫島《うるっぷとう》の間に引き、樺太（サハリン）には国境を設けず両国民の〝混住の地〟とすると決めたことである。つまり、択捉を含む以南の国後《くなしり》、歯舞《はぼまい》、色丹《しこたん》の4島は日本領となり、得撫島《うるっぷとう》以北の千島列島（クリル列島）はロシアの領土となった。同条約第2条には、「今より後日本国と魯西亜《ろしあ》国との境『エトロプ』島と『ウルップ』島との間に在るへし『エトロプ』全島は日本に属し『ウルップ』全島夫より北の方『クリル』諸島は魯西亜に属す」（ママ）と記されている。またロシア船への石炭や薪水《しんすい》・食料の供給のために箱館（現函館）、下田、長崎を開港し、箱館と下田のうち一港に領事を置くことも定めた。

しかし、日露関係はそもそも〝対立と曲折の歴史〟であり、日米交流のジョン万次郎が漂流民であったように、初期の日露交流も漂流民によって始まっている。記録に残る最初の漂流民は「デンベイ（伝兵衛）」である。デンベイは1696年にカムチャッカ半島に漂着しサンクトペテルブルクに連行され、当時の皇帝ピョートル1世に謁見した。1705年にはサンクトペテルブルクの日本語学校の教師となり、日本人初のロシア正教徒となった。

その後、1714年の「マサニ」（紀州出身）ら10人、1729年にカムチャッカに漂着した「ゴンザ」と「ソウザ」ら17人と続く。後者の二人はサンクトペテルブルクの科学アカデミーに173

6年に開設された「日本語学校」の教師となり、ゴンザはロシア初の『日本語簡略文法』を残している。

中でも、異彩を放つのが大黒屋光大夫《だいこくやこうだゆう》（1751〜1828年）である。伊勢（三重県）の廻船（運輸船）の船頭で、1782年にアリューシャン列島アムチトカ島に漂着した。井上靖の小説『おろしや国酔夢譚』で話題となったが、ロシア帝国の女帝エカチェリーナ2世に謁見し、漂流から約9年半後の1792年に根室に帰国した。その際、ロシアの海軍軍人ラクスマンが大黒屋を伴い来航し、江戸幕府に交易を申し入れた。幕府は鎖国を理由に拒否したが、歴史的には諸外国が日本に開国を迫った最初の出来事であった。

近藤重蔵による〝領土宣明〟

日本の北方海域には18世紀末からロシア、英国、フランスの艦船が出没し、日本国内では「海防論」が急速に高まっていた。有名なのは林子平が著した『三国通覧図説』（1785年）だが、危機感を高めたのは1796年に英国航海士プロートンが率いる艦船が津軽海峡を横断し、蝦夷地（北海道）の西岸を測量・調査したことだった。幕府はその2年後に180人からなる蝦夷地調査隊を派遣し、翌1799年に東蝦夷地を幕府直轄地とした。

蝦夷地調査団には、「北海の探検家」と評された近藤重蔵《こんどうじゅうぞう》（1771〜1829年）がいたが、近藤はその後1807年までに5回にわたり蝦夷に派遣されている。中でも1800年の2回目の派遣では択捉島に入り、ロシア人が島内に立てていた十字架を倒し、新たに「大日本恵土呂府《えとろふ》」と書いた木標を立てている。これが択捉島の日本領土を「宣明」した出来事である。

これに対し、ロシア帝国はいち早く1768年に得撫島への植民を開始している。目的はラッコ、クロテンなどの毛皮獲りのためであった。日露交渉としては、女帝エカチェリーナ2世が日本との通商に強い関心を示し派遣したラクスマン、さらに1804年に長崎に来航し開国を迫ったレザノフがいるが、幕府はこれらを拒否した。このため、レザノフの部下が利尻島などを襲撃する事件を起こしている。三度目の正直と言わんばかりに、プチャーチン提督が皇帝ニコライ1世の命を受けて4隻の艦隊で長崎に入港したのは1853年7月であった。

大津波で「ディアナ号」大破、沈没

プチャーチンと幕府との開国交渉は難航した。プチャーチンはいったんフィリピンのマニラに引き揚げ、1854年8月に艦船「ディアナ号」で再び箱館に入港した。だが、この時は4隻の艦隊ではなく「ディアナ号」1隻での入港であった。ロシアとトルコによるクリミア戦争（1853～56年）の影響で艦艇の都合がつかなかったためだった。しかも、箱館入りしたプチャーチンは米国のペリー提督がその5か月前に〝黒船〟で幕府を威圧して「日米和親条約」を締結（1854年3月）

させたことを知り、「ディアナ号」を即座に大阪湾に進めるという大胆な行動に出た。幕府は天皇陛下の居住する京都まで50キロという至近距離に迫ったことに大きな衝撃を受けた。「摂海侵入《せっかい》」と言われる事件で、幕府は混乱回避のため下田行きを直ちに指示し、「ディアナ号」は1854年10月に下田港に入港した。

しかし、プチャーチンを待っていたのは入港後に発生した「安政東海地震」による大津波だった。この地震は1854年12月23日に発生したマグニチュード8・4と推定される駿河湾を襲った巨大地震で、死者は2~3000人に及んだとされる。その翌24日には「安政南海地震」も発生しており、近年騒がれている〝南海トラフ巨大地震〟の連続であった。この「安政東海地震」で「ディアナ号」は6メートル以上の津波に翻弄され舵と船底を大きく破損した。この時、それにもかかわらずロシア兵が津波の被害にあった日本人を救出し看病したことから、黒船で威圧したペリーとは違う好印象を幕府に与えたと伝えられている。

幕府はロシア側に下田港での「ディアナ号」の修理を指示するが、プチャーチンは港湾施設が津波で破壊された下田港ではなく別の場所での修理を望み、下田から伊豆半島の西側にある戸田での修理を

沈没したロシア艦船「ディアナ号」の碇
(筆者撮影)

要求した。このため破損した「ディアナ号」は地元漁民の小舟約100隻に曳《ひ》かれ戸田へ向かったが、途中で艦艇に浸水し乗組員約500人は陸路で戸田へ向かわざるを得なくなった。しかも、不運にも「ディアナ号」はその後の曳航中にさらなる暴風雨で破損し1855年1月に田子の浦沖で座礁し駿河湾内に沈没してしまった。

洋式帆船「ヘダ号」の模型（戸田造船郷土資料館、筆者撮影）

船大工が作った洋式帆船

だが、プチャーチンはめげなかった。帰国のために代船の建造を幕府に申し出る。当時、日本は鎖国下にあり外洋帆船を作る能力はなく、しかも現地にはロシア語が分かる船大工はいなかった。攘夷《じょうい》論が渦巻いた頃であり「ロシア人を皆殺しに」との声も出る中、幕府は人道的見地と西欧技術習得を理由に伊豆韮山の代官・江川英龍《ひでたつ》（1801～55年）を建造取締役に任命し、周辺の船大工の棟梁たちを集めた。設計のもとになったのは、「ディアナ号」から運び出された「スクーナー型」帆船の設計図だった。言葉は通じないし、肝心の尺度もまったく違う。そこでロシア人技師が思いついたのが、原寸大の設計図を描き、その寸法に合わせ木材を切り出させ船大工に船体を作らせることだった。驚くべきことに、約100日間で日本初の本格的な洋式帆船が完成する。全長24・6

メートル、排水量100トンに満たない帆船だったが、当時の情報不足の中、突貫工事で帆船を作り上げた技術力は驚異的なものだった。まさに、日露協力の証しであり、プチャーチンは地名にちなみ船名を「ヘダ号」と命名した。

余談だが、この「スクーナー型」帆船はその後、幕府の命令で船大工が同型帆船6隻を建造し「君沢形」と命名する。当時の戸田村が君沢郡に属していたからだ。君沢形帆船は、江戸の石川島でさらに4隻が建造されている。この石川島造船所は日本を代表する造船会社「石川島播磨重工業」へと発展した。戸田の船大工はその後も日本各地の造船所に招かれ、幕末から明治期にかけての近代造船発展の担い手となった。

さらに言えば、この2本のマストと縦帆を特徴とする「君沢形」帆船は、中浜万次郎が1859年に「鯨漁御用」を命じられると、先端に鯨を発見するための物見台を設置して捕鯨用に改造し、小笠原島付近に出漁した。あいにく、暴風雨に遭遇して転覆しそうになり捕鯨には成功しなかった。

宿舎「玉泉寺」に残る面影

プチャーチンは下田の高台にある「玉泉寺」に宿舎を構えると、戸田《へだ》で代船建造を行いながら幕府と精力的に条約交渉をした。玉泉寺には、プチャーチンが執務に使った机や椅子が保存、展示されているが、それらは元来、仏具として使われていたものである。寺の周辺には約500人の水兵らのために4棟の長屋が建設され、周辺住民が生活を支援した。滞在中に水兵2人が死亡し境内に墓地が作られたが、今でも時折ロシア人観光客が訪れ祈りを捧げているという。なお、玉泉寺は1856年に米国のタウンゼント・ハリス総領事がオランダ生まれの通訳官ヒュースケンを伴い下田に着任すると、日本最初の米国総領事館を開設した。ハリスは2年10か月にわたり徳川幕府と交渉を続け、日米修好通商条約を1858年に締結した。ハリスはその後、東京麻布の善福寺に公使館を移し都合6年滞日したが、日本人について「喜望峰以東で最も優れた人民」と評した。ただし、通訳官ヒュースケンは攘夷派によって惨殺されている。

プチャーチンは条約締結を終えると帰国の途に就く。しかし、小型帆船「ヘダ号」には乗組員47人しか乗船できず、159人は下田港でチャーターした米国船で帰国した。残りの約300人もドイツの商船で帰国の途に就いたが、クリミア戦争でロシアと戦っていた英国海軍に拿捕され捕虜となってしまった。運命とはわからないものである。代船「ヘダ号」のその後について言えば、ロシア側代表が1856年に日露和親条約の批准書を携えて来日した際に、沿海州に係留されていた「ヘダ号」を艤装《ぎそう》し直して下田港に戻している。

プチャーチンがつなぐ日露交流

プチャーチンの死後（1883年）、「ロシア皇后付名誉女官」だった娘のオリガ・プチャーチンが父の受けた厚情に謝意を示すために戸田を1887年に訪問し，父親プチャーチンの遺言として1000ルーブルを戸田村に寄贈した。これに対し戸田の住民は、日露戦争で最悪の時代を迎えても、プチャーチンが帰国する際に残した遺品を大切に保存し続けた。米ソ冷戦下で難しい日ソ関係が続いたが、沼津市が1969年に「戸田造船郷土資料館」を建設しプチャーチン関係の展示をすると、当時のソ連政府は500万円を寄付している。プチャーチン来航150周年の2005年11月には、一期目のプーチン大統領が来日し、日本政府は「ヘダ号」の模型、沼津市からは「ヘダ号」を染めぬいた大漁旗を贈呈している。しかし、大統領自身が下田と平田に足を延ばすことはなかった。長い道程の末、日露両国間で平和条約が締結された暁には、ロシア大統領の平田訪問が実現されるだろう。

最後に、プチャーチンのその後の人生だが、1858年8月に再来日して幕府と交渉し「日露修好通商条約」を締結しており、ロシアでは日露関係の条約締結の功績で伯爵に叙され、さらに1861年には教育大臣に任命されている。大臣就任時期は、ロシアの農奴解放運動に触発されたペテルブルグ帝国大学で学生運動が過激化した頃で、プチャーチンはこれを厳しく取り締まった。しかし、学生らが反発し大学を封鎖するなどの混乱から半年で大臣を罷免されている。海軍大将・元帥に栄進した立派な軍人だったが、政治家としては大成することはなかった。ただ、プチャーチンは罷免後もロシア科学アカデミー名誉会員や国家評議会議員などの要職を務めた。日本政府は188

1年に勲一等旭日章を贈っているが、外国人としての同章受章はプチャーチン提督が初めてであった。

＊注

［1］日魯通好条約は下田条約とも呼ばれる。条約締結当時の日本では「日魯和親条約」と表記されていた。

「エルトゥールル号」遭難事件と山田寅次郎

日本とオスマン・トルコの〝友好の証し〟

ジョン万次郎の遭難とロシア艦艇「ディアナ号」の沈没を取り上げてきたが、外国艦船のもう一つの海難事故であるオスマン帝国（現トルコ）の軍艦「エルトゥールル号」沈没について触れざるを得ない。「エルトゥールル号」事件[*1]は1890（明治23）年9月に和歌山県の沖合の熊野灘で沈没し、トルコ海軍乗組員587人が死亡するという大惨事であった。だが、現場近くの紀伊大島の島民たちの懸命な救助で69人の乗組員（水兵）が助かり、その献身的な救助活動がオスマン帝国に伝えられると、物語は時代を超えて日本とオスマン・トルコの忘れ得ぬ〝友好〟の証しとして語り継がれてきた。トルコが極めて親日的であるのは、この未曽有の海難事故の救出活動によるところが大きい。

そして、この事件を契機に自ら集めた義捐金《ぎえんきん》をオスマン帝国に運び、そのまま日本と国交のなかった帝国の首都イスタンブールに約22年も在住し、日土関係に貢献した明治の快男児がいた。その名を山田寅次郎《やまだとらじろう》（1866〜1957年）という。葛飾柴又の「フーテンの寅さん（車寅次郎）」ではなく、この寅次郎、日土両国の「民間大使」との異名をとっただけではなく、茶道宗徧《そうへん》流の「中興の祖」と言われた家元であり、当時はなかった紙巻きたばこの製紙（シガレットペーパー）会社をいち早く立ち上げるなど才覚のある実業家でもあった。

さらに山田寅次郎の活動で特筆すべきは、日露戦争におけるロシア黒海艦隊の監視の話である。当時、日本にとっての最大の関心事は、日本を攻撃することが確実視されていたバルチック艦隊に、黒海艦隊の艦船が合流するかどうかだった。山田は密命を受けて現地人約20人を雇い、イスタンブールのガラタ塔から交代でボスポラス海峡の監視を続け、商船に偽装した黒海艦隊3隻が海峡を通過したという重要な情報を日本政府に通報した。結論から言うと3隻は合流しなかったが、国益に資する情報提供という功績が認められ、日露戦争終結後、小村寿太郎外相から銀七宝花瓶一組と感謝状を贈呈されている。

山田寅次郎（提供：山田家）

第1次世界大戦が勃発すると、山田寅次郎は日本の交戦相手国ドイツがトルコの同盟国であったため帰国せざるを得なくなる。しかも、オスマン帝国は大戦後に崩壊し、祖国解放運動を指導したケマル・アタテュルク大統領（1881～1938年）によって1925年に「トルコ共和国」として生まれ変わった。それでも、山田寅次郎のオスマン・トルコへの熱い想いは変わることなく、1928年に「エルトゥールル号」の鎮魂碑の再建に尽力し、盛大な追悼式を行った。そのおかげで、今でも和歌山の地元では5年ごとに「エルトゥールル号」の立派な追悼式典が継続されている。

「パン・イスラム主義」を担った老朽艦の悲劇

親善使節を乗せた軍艦「エルトゥールル号」が沈没した運命の日は、1890年9月16日だった。台風の暴風雨にあおられて和歌山県串本町の紀伊大島沖の樫野崎に引き寄せられ、地元の船乗りが恐れていた船甲羅《ふなごうら》岩礁に激突した。船体の破損部から海水が流入して蒸気機関の爆発を引き起こし、軍艦は二つに割れて沈没した。使節オスマン・パシャ司令官以下587人が殉職し、生き残ったのは69人だけだった。同艦は1864年建造の木造フリゲート艦で全長76・2メートル、排水量2334トンだったが、はっきり言って老朽艦だった。しかし、衰退著しい当時のオスマン帝国には遠洋航海に耐え得る艦船は4隻しかなく、その中で「エルトゥールル号」は比較的新しい木造艦であったと言われている。

当時、日本とオスマン帝国には国交がなかった。にもかかわらず「エルトゥールル号」を派遣した理由は、小松宮彰仁親王《こまつみやあきひと》が1887年に訪欧し、その帰途にオスマン帝国を訪問したことへの答礼であった。しかし、本来の目的はオスマン帝国による「パン・イスラム主義」の誇示にあった。1453年に東ローマ帝国の首都コンスタンティノープル（イスタンブール）を攻略したオスマン帝国は、広大な領土を保有しイスラム教への改宗を強制することや民族的な同化政策を強要することのない〝複合国家〟として君臨してきた。だが、19世紀以降に西欧から流入した「民族」意識の高まりで、ギリシャやセルビアが相次いで独立し、オスマン帝国は求心力を急速に失っていった。

そうした中、専制君主のアブデュルハミト2世（在位1876〜1909年）は、「エルトゥールル号」派遣を機に、オスマン帝国の旗をなびかせインド、東南アジアのイスラム世界にその威光を改めて示そうとした。「パン・イスラム主義」である。しかし、航海はトラブル続きで、スエズ運河で舵を破損し2か月停泊、シンガポールでは石炭、食料が底を尽き4か月停泊する有様。特使の司令官オスマン・パシャが明治天皇に拝謁したのは、出航から11か月後であった。

日本で熱烈歓迎

「エルトゥールル号」は1890年6月7日、横浜港に到着し、親善使節団は東京に3か月滞在、国賓として熱烈な歓迎を受けた。使節は明治天皇に謁見し、オスマン皇帝からのトルコ最高勲章や種々の贈り物を捧呈した。と言っても、この航海はなぜか御難続きで、日本滞在中にコレラの大流行で乗組員12人が死亡している。この時、内務省は艦船を横須賀に移し、乗務員と艦船の消毒を徹底的に行ったが、その責任者として派遣されたのがジョン万次郎の子息である中濱東一郎だった。東大医学部卒の東京衛生試験所長（当時）で、森林太郎（森鴎外）と同時期にドイツ・ミュンヘン大学に留学していた人物である。

使節団一行は、やがて、横浜港を出港し帰国の途に就くことになっていたが、日本政府は台風の季節であるだけでなく船体の傷みが著しいため出航を見合わせて修理をするように勧めた。しかし、日本滞在を延長することは「パン・イスラム主義」の盟主国の弱体化と受け取られかねないと懸念したオスマン・パシャは、9月15日に横浜港からの出航を強行した。

事態が急変したのは翌16日21時ごろで、暴風雨にあおられ和歌山県串本町の紀伊大島沖で座礁し、航行の自由を失い沈没した。樫野崎灯台の下に辛くも漂着して生き残った乗組員は灯台の灯りを頼りに40メートルもの断崖を負傷しながらよじ登り助けを求めた。灯台守の知らせを受けた島民たちは嵐の中を総出で駆けつけ、命の危険を顧みず岩礁から生存者を救出した。当時の紀伊大島には全体で約400戸あったが、大半は食料の蓄えもわずかしかない貧しい島民ばかりだった。しかし、多くの島民が非常用食糧を供出し生存者を不眠不休で看病するとともに、殉職者の遺体捜索と引き揚げ作業を手伝った。

明治天皇も侍医を急派するなどして、助かった水兵ら69人はその後、治療のため神戸に移送され、加療を終えると同年10月5日に日本帝国海軍の「比叡」と「金剛」の軍艦2隻で帰国の途に就いた。艦船には、司馬遼太郎の歴史小説『坂の上の雲』の主人公となった秋山真之ら海軍兵学校17期生が少尉候補生として乗り組んでいる。翌1891年1月2日にイスタンブールに無事に入港し、オスマン帝国の国民は感謝の念をもって日本海軍一行を大歓迎した。日本では同年2月に、沈没海域を眼下に見下ろす樫野崎の丘に殉難将士の共同墓地が整備され、慰霊碑と和歌山県による「土国軍艦遭難之碑」が建立された。

個人資格で義捐金募集に奔走

「エルトゥールル号」の遭難直後から日本の新聞各社は猛烈な勢いで義捐金募集を呼びかけ、福沢諭吉が創刊した当時の「時事新報」は野田政太郎記者をトルコ兵帰還のための軍艦『比叡』に乗船させイスタンブールまで派遣している。そうした中で、個人の資格ながら日本各地で演説会や演芸会を開催し、義捐金5000円（現在価格で約3500万円）を集めたのが山田寅次郎だった。弱冠26歳の青年であった。

そんな義侠心に富む行動をとった彼には、波乱万丈の生い立ちが背景にあった。山田寅次郎は上州（群馬県）の沼田藩家老の中村家の次男として1866年に生まれるが、15歳の時に縁戚関係にあった茶道宗徧流の第7代目家元の山田宗寿の養子となる。東京薬科大学の1期生という経歴もさることながら、横浜で英語、フランス語などを学びながら潜水夫を経験した。この時に知り合ったのが、日本の「ダイバーの祖」と言われる増田萬吉《まんきち》や「サルベージの祖」と言われた山科禮蔵《やましなれいぞう》である。この山科は「エルトゥールル号」遭難の時に遺体などの捜索に従事した。それ以前に、山田寅次郎は政治団体「保守中正社」の社員として働いたが、政治には向かないと判断すると、出版社を設立し今のタウンページに当たる『東京百度便』を出版して大儲けしている。

義捐金集めはこうした多様で多彩な交友と人脈構築の中から、当時の著名なジャーナリストである陸羯南《くがかつなん》や福地源一郎《ふくちげんいちろう》らの知遇を得て実現した。その後、義捐金を送金する段になって、寅次郎は増田らの紹介で当時の青木周三外相に面談する機会を得た。寅次郎は、青木外相から「送金ではなく自分でトルコに持っていくべきではないか」と教示され、1892年に単身イスタンブールに乗り込むことになった。国交がなかっただけに無謀とも思われたが、この挑戦はその後、〝遊び友だち〟だった明治の文豪・幸田露伴の短編小説『書生商人』のモデルとして描かれるほどの冒険譚《ぼうけんたん》であった。

トプカプ宮殿の至宝

イスタンブールにオスマン帝国時代の栄華をいまに伝えるトプカプ宮殿がある。1453年に東ローマ帝国を攻略したオスマン帝国の皇帝メフメト2世が、1460年代に建設した宮殿である。各国から贈呈された多くの至宝の中に日本美術品が展示されているが、武具展示室には山田寅次郎が当時の皇帝アブデュルハミト2世に謁見したときに献納した「甲冑《かっちゅう》」と「刀剣」がある。私も1980年代末に現地で見たが、その時は寅次郎が献納したものだったことは知らなかった。2019年3月に東京・六本木の国立新美術館で「トルコ至宝展」が開催され、その由緒ある立派な「甲冑」と「刀剣」が127年ぶりに里帰りして展示され人目を引いた。

山田寅次郎の孫であるワタリウム美術館役員の和多利月子さんによると、アブデュルハミト2世皇帝は専制君主だったが、特技が大工仕事であったという。1867年の第2回パリ国際博覧会（万博）で日本美術を知り、当時流行していたジャポニズムに魅了された。その影響で、娘の婚礼では嫁ぎ先の館の一室に日本風の家具を備え付けさせたという。そんな皇帝に寅次郎は、軍隊の士官らに日本語を教授するよう依頼され、やがてトプカプ宮殿の帝室博物館の東洋美術の分類・目録作りを依頼された。まさに、和多利月子さんが言うように、山田寅次郎は「スルタンのアートディレクター」となった。

獅子奮迅の〝民間大使〟

トルコで最も名前を知られた日本人は今でも山田寅次郎であり、イスタンブール市内には「山田寅次郎広場」がある。広場には５８７本の桜が植樹されているが、それは「エルトゥールル号」の犠牲者と同数である。オスマン帝国に精通しスルタンの信任を得ていた寅次郎は、現地を訪れた日本の政治家や有名人のアテンドをして便宜を図り通訳をした。スルタンのサイン入りの旅行証明書を手に帝国内を自由に行き来できた稀有な日本人であったという。シベリア出兵やコメ騒動で辞任した寺内正毅首相（１８５２～１９１９年）、陸軍大将の乃木希典（１８４９～１９１２年）、ジャーナリストの徳富蘇峰（１８６３～１９５７年）、文豪の徳富蘆花（１８６８～１９２７年）ら多くの有力者を世話した。日露戦争における黒海艦隊の監視という山田寅次郎の功績についてはすでに触れた。ロシアと対立してきたオスマン帝国国民は、ロシアを破った小国・日本の勝利に歓喜し、アンカラ市内には日露戦争で活躍した将軍である乃木希典や東郷平八郎の名前をとった〝ノギ〟とか〝トーゴー〟という名前の店舗が作られた。また、寅次郎はアブデュルハミト２世から士官への日本語教育を依頼されたが、この士官の中に、帝国崩壊後の１９２５年に「トルコ共和国」を建国して初代大統領となったケマル・アタテュルクがいた。不思議な縁であり、寅次郎が戦後にトルコを訪問した際、拝謁した大統領自身からそのことを告げられたという。まさに山田寅次郎は、日本人としてオスマン・トルコの近現代史をつぶさに目撃した人物であっ

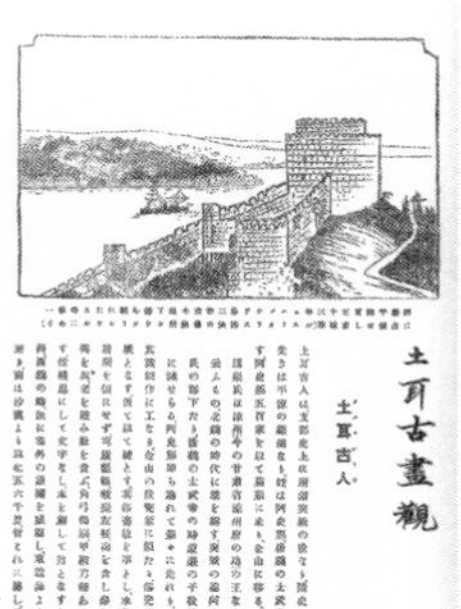
土耳古畫觀
土耳古人

山田寅次郎著『土耳古畫觀《がかん》』（1911 年初版）

た。

山田寅次郎は国交のない時代に約22年間、ほぼ一人で「無名無言の領事とでもいうべき仕事」のために奮迅の活躍をした。今でいう〝民間大使〟の先駆者であった。さらに寅次郎はオスマン帝国の要人に日本文化を伝え、茶人として高官らに〝お点前〟を披露している。同時に、イスラム世界との接点がほとんどなかった日本にとって、山田寅次郎の足跡は極めて重要な情報を日本にもたらした。1911（明治44）年に寅次郎が著した滞在記『土耳古《とるこ》畫歡《がかん》』は日本人がトルコやイスラム世界について知る文化的な価値の高い滞在記となっている。

＊注

［1］次を参照されたい。串本町役場製作小冊子『原点のまち串本トルコ日本友好』、『南紀串本』

6章 イスラムとロシア正教

東京・代々木上原の「東京ジャーミイ」の内陣（筆者撮影）

モスク「東京ジャーミイ」と日本のイスラム

95年後のトルコの〝恩返し〟

オスマン帝国（現トルコ）の軍艦「エルトゥールル号」が１８９０（明治23）年に沈没した海難事故で日本人が見せた献身的な救援活動には、実は95年後のトルコによる〝恩返し〟という物語がある。１９８０年に勃発したイラン・イラク戦争はエスカレートし、１９８５年に危機的状況に陥った。イラクのフセイン大統領は同年３月17日、イラン上空を48時間後に飛行禁止区域にする、つまりそれ以降飛行すれば撃墜すると世界に向け通告した。イランの首都テヘランの日本大使館はそれ以前に在留邦人の出国命令を出していたが、まだ３３８人が残っていた。

しかし、日本政府は情けないことに日航機のイラン救援派遣を決断できなかった。このためテヘランの野村豊大使（当時）らはすべての航空会社に連絡を取り必死の脱出策を図ったが、２００人以上の在留邦人の出国は絶望的になった。この時、トルコが天与の〝助け舟〟を出す。伊藤忠商事

書評・記事掲載情報

◉ 東京新聞　書評掲載　2021年3月27日

『この国の「公共」はどこへゆく』　寺脇研 / 前川喜平 / 吉原毅 著

本書は、文部科学事務次官を務めた前川喜平氏、ゆとり教育を推進した寺脇研氏という二人の元文部科学官僚に原発ゼロ宣言をした城南信用金庫元理事長の吉原毅氏を加えた三人の鼎談集だ。

前川氏が次官時代に出会い系バーに通っていたことの釈明会見で「貧困女性の調査に出かけていた」と話した時、私は半信半疑だった。ただ、本書を読んでそれは真実だったと確信した。本書で官僚としてとても言いにくいことも、正直に語っているからだ。＜中略＞

鼎談のなかで、私の心に一番響いたのは、「昔の官僚で出世を目指す人はほとんどいなかった」という話だ。私自身の経済企画庁での勤務経験でも、それは事実だ。私に公僕としての崇高な矜持（きょうじ）があった訳ではない。夜中まで同僚と天下国家を論じ、その議論の通りに日本丸が動いていくのが、楽しくて仕方がなかったからだ。

そうした官僚のやる気を奪ったのが、官邸主導だった。官邸の命令通りに仕事をするしかないなら、官邸に忖度（そんたく）して、高い給与や天下りポストを得たほうが有利だ。官僚の行動原理が公から私に変わった。それがいまの日本の行き詰まりの原因になっている。

二人の元官僚の対談だけでも十分面白いのだが、本書を一段上のレベルに引き上げているのが、吉原氏の存在だ。吉原氏は公が失われた原因を、新自由主義とその背後にいる国際金融資本だと喝破する。公の心を失ったのは官僚だけではない。民間も同じなのだ。

新自由主義の下では、すべてを弱肉強食の市場が決める。その過程でコミュニティが崩壊し、富も仕事の楽しさも、巨大資本に奪われていくのだ。

日本社会の在り方を根底から問い直す好著だ。（森永卓郎・経済アナリスト）

◉ 読売新聞　書評掲載　2021年2月21日

「ノスタルジー」バルバラ・カッサン 著　馬場智一 訳

＜前略＞

「人はいつ我が家にいると感じるだろう?」。本書はフランスを代表する女性哲学者によるノスタルジーを巡る思考の軌跡だ。自伝的内容から問いを提起し、故郷から切り離されてしまった三者を題材に思考を深めていく。

＜中略＞

本書は、帰還の本質は、土地や国家に帰ることではないと示唆する。人が根差す場は、言語によって形作られる自信を受け入れてくれる繋がりにあるのだと。元の世界に帰れない私たちは今、奇しくも三者と同じ追放状態にある。めまぐるしく変わり続ける世の中で拠り所を探すため、本書は思索の一助となる。（長田育恵・劇作家）

平成都市計画史

転換期の30年間が残したもの・受け継ぐもの

饗庭 伸 著
2500円+税　四六判並製
ISBN978-4-7634-0955-3

「拡大」と「縮小」のはざまに、今をつくる鍵がある

平成期、想定外の災害に何度も直面しつつ、私たちはどのように都市をつくってきたのか?

ノスタルジー

我が家にいるとはどういうことか?
オデュッセウス、アエネアス、アーレント

バルバラ・カッサン 著　馬場智一 訳
1800円+税　四六判並製
ISBN978-4-7634-0950-8

「ノスタルジー」と「故郷」の哲学

移民・難民・避難民、コロナ禍による世界喪失の世紀に、古代と 20 世紀の経験から光を当てる。
推薦：鵜飼哲

多数決は民主主義のルールか?

斎藤文男 著
1500円+税　四六判並製
ISBN978-4-7634-0946-5

多数決は万能……ではない

重要法案の強行採決が頻発する国会は、「多数の専制」にほかならない。今こそ考えたい、民主主義と多数決の本質的関係。

小中一貫教育の実証的検証

心理学による子ども意識調査と教育学による一貫校分析

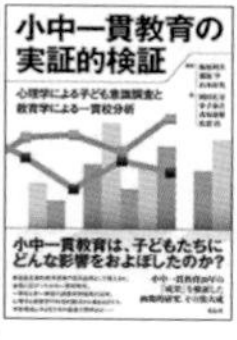

梅原利夫・都筑 学・山本由美 編著
2000円+税　A5判並製
ISBN978-4-7634-0959-1

小中一貫教育は、子どもたちにどんな影響をおよぼしたのか?

新自由主義的教育改革の目玉政策として導入され、全国に広がった小中一貫校制度。20 年の「成果」を検証した画期的研究、その集大成。

「慰安婦」問題の解決

戦後補償への法的視座から

深草徹 著
1000円+税　A5判ブックレット
ISBN978-4-7634-0962-1

ソウル中央地方法院判決を受けて「国際法違反」?——変わりつつある「主権免除の原則」

「慰安婦」問題は日韓請求権協定で本当に解決済みか。日韓合意に息を吹きこむ。

新宗教の現在地

信仰と政治権力の接近

いのうえせつこ 著　山口広 監修
1500円+税　四六判並製
ISBN978-4-7634-0957-7

霊感商法、多額の献金、合同結婚式——“かつての手法”は、なぜ今も変わらず生き続けているのか?

権力との距離を縮める新宗教の生き残り戦略とは。推薦・佐高信

21世紀の恋愛

いちばん赤い薔薇が咲く

リーヴ・ストロームクヴィスト 作
よこのなな 訳
1800円+税　A5判変形並製
ISBN978-4-7634-0954-6

なぜ《恋に落ちる》のがこれほど難しくなったのか

古今東西の言説から現代における「恋愛」を読み解く。
推薦・野中モモ、相川千尋

米中新冷戦の落とし穴

抜け出せない思考トリック

岡田 充 著
1700円+税　四六判並製
ISBN978-4-7634-0952-2

米中対決はどうなる

新冷戦は「蜃気楼」だったのか?
バイデン政権誕生でどう変化するか?
米中対決下の日本とアジア。

愛読者カード

このたびは小社の本をお買い上げ頂き、ありがとうございます。今後の企画の参考とさせて頂きますのでお手数ですが、ご記入の上お送り下さい。

書 名

本書についてのご感想をお聞かせ下さい。また、今後の出版物についてのご意見などを、お寄せ下さい。

◎購読注文書◎

ご注文日　　年　　月　　日

書　　名	冊　数

代金は本の発送の際、振替用紙を同封いたしますのでそちらにてお支払いください。
なおご注文は TEL03-3263-3813 FAX03-3239-8272
また、花伝社オンラインショップ https://kadensha.thebase.in/
でも受け付けております。（送料無料）

郵 便 は が き

料金受取人払郵便

神田局
承認

1238

差出有効期間
2023年1月
31日まで

101−8791

507

東京都千代田区西神田
2-5-11出版輸送ビル2F

㈱花 伝 社 行

お名前《ふりがな》 お電話
ご住所（〒　　　　　　　　） （送り先）

◎新しい読者をご紹介ください。

お名前《ふりがな》 お電話
ご住所（〒　　　　　　　　） （送り先）

のイスタンブール駐在員が当時のオザル首相（のち大統領）の知り合いで、チャーター救援機の派遣を懇請すると、トルコ航空は一機ではなく二機のイラン派遣を決定した。テヘランのメヘラバード国際空港に集まっていた在留邦人は一機目に198人、二機目に17人が乗り込んだが、二機目が飛び立ったのは飛行禁止期限まであと1時間というきわどい脱出だった。二機の救援機は無事トルコに到着し、在留邦人215人は全員脱出に成功した。当時のテヘランのトルコ大使は、野村大使に「トルコ人ならだれもがエルトゥールル号の恩義を知っている。その恩返しをさせていただきたい」と伝えたという。

トルコで誕生した日本人ムスリム

日本とトルコは第2次世界大戦で対戦国となったが、基本的には戦前と変わらぬ親日国である。トルコといえば、日本人はトルコ帽やモーツァルトの「トルコ行進曲」を思い浮かべるが、戦後の昭和世代にはポピュラー歌手の江利チエミが1954（昭和29）年にカバーしたトルコ民謡「ウスクダラ」が記憶に残っている。「♪ウスクダラ　はるばる　尋ねてみたら　世にも不思議な噂のとおり♪」という歌詞は異国情緒たっぷりで、トルコ語の歌唱と語りを組み込んだ曲は、その年の『第5回NHK紅白歌合戦』で歌われるほどの人気ぶりだった。イスタンブールを1980年代半ばに訪問したとき船着き場で、この「ウスクダラ」が大きなスピーカーから流れていたのをよく覚えている。歌の舞台となったイスタンブールの地名は「ユスキュダル」である。

トルコは第2次世界大戦でスイス、デンマーク、ポルトガルなどと並ぶ数少ない〝中立国〟だった。トルコが枢軸国（連合国側）とともに対独・対日宣戦布告したのは1945年2月の戦争最終段階であって、それもトルコが枢軸国に宣戦布告をしないと国連に加盟できなくなると圧力をかけられたことが背景にあったといわれる。実際にトルコは日独両国と戦火を交えることなく終戦を迎えた。

重要なことは、〝イスラム免疫〟のない日本にとって、オスマン帝国さらにトルコ共和国がイスラム世界への〝窓口〟として重要な役割を担い続けてきていることである。明治維新以降の日本人の最初のムスリムは、「エルトゥールル号」の乗組員が1891年1月に日本の軍艦でイスタンブールに帰国した際、それに同乗した「時事新報」の特派員・野田正太郎（1868～1904年）とされている。明治の快男児・山田寅次郎より一足先にイスタンブール入りした人物で、山田も同じようにムスリムに改宗している。日本人ムスリムはトルコから始まったと言ってもいいだろう。ちなみに、イスラム教の聖地・サウジアラビアのメッカを初めて巡礼したのはイスラム研究家の山岡光太郎で1909年のことだった。日本とイスラム世界との出会いは極めて日が浅い。

「東京ジャーミイ」はイスラム世界への〝窓口〟

そんなイスラム世界との〝窓口〟の象徴的な存在が、東京の代々木上原にある日本最大のモスクである「東京ジャーミイ」である。中東地域の絢爛《けんらん》たるモスクとは違い、住宅街の一角に異彩を放つモスクは一つの大きな尖塔の下に六つのドームを配する伝統的なオスマン・トルコ様式のモスクである。敷地面積は734㎡と意外なほどにこぢんまりとしているが、モスク内には最大2000人を収容する礼拝場がある。毎週金曜日の合同礼拝には数百人のイスラム教徒が集まるが、新型コロナウィルス感染拡大以前は観光立国と外国人労働者の受け入れ拡大で東南アジアからのイスラム教徒を多く見かけるようになっていた。

「東京ジャーミイ」の歴史は、1917（大正6）年のロシア革命でイスラム教徒が迫害され、旧ロシア帝国のカザン州から逃れてきたトルコ系の人たちが、学校と礼拝場の設置を日本政府に熱心に求めたことに始まる。より正確に言えば、「タタール系」の回教徒たちで（かつて日本ではムスリムを回教徒と呼んでいた）、シベリア、満州を経て約600人が日本に難民や亡命者として移住し、その内の約200人が東京周辺に居住した。しかし、「カザン」や「タタール人」と言われても、日本人にはピンと来ない。2018年のロシアにおけるサッカー・ワールドカップで日本代表のキャンプ地がカザンだったと覚えている人はほとんどいないだろう。カザンは現在、ロシア連邦内の「タタールスタン共和国」の首都で、位置的にはモスクワから東に約800㎞の距離

東京・代々木上原の「東京ジャーミイ」の尖塔（筆者撮影）

にある。日本から見ればヨーロッパに限りなく近い。だが、迫害を受け故郷を捨てたタタール人は温暖な日本の生活に馴染み、１９２３年の関東大震災直後、米政府が外国人救助のため特別船を日本に派遣した際にも、タタール人たちは乗船を断り日本に残留した。

日本のモスクの歴史から言うと、最初に建設されたのは「神戸モスク」である。神戸は幕末の開港で外国人居留地として多くの外国人が居住しており、タタール系やインド系のムスリムがかなり滞在していた。その中のインド系ムスリムの寄付によって１９３５（昭和10）年９月に建設された。私も訪れたことがあるが、建設当時のモスクが現存し、住宅街の中にそびえる塔とドームは神戸の異国情緒を象徴する。しかし、モスクを管理する常駐者はおらず、まばらな観光客と一緒にモスク内に自由に入って見学することができた。赤色の絨毯が美しいモスクである。二番目は「名古屋モスク」で１９３６（同11）年に建設されたが、戦災で焼失してしまった。

神戸モスクの正面（筆者撮影）

現在の「東京ジャーミイ」の前身である東京モスクが建設されたのは１９３８（同13）年である。「ジャーミイ」とはモスクの別称だが、発端は滞日タタール人たちの子どもの教育問題にあった。資料によれば、タタール人は１９２８（同３）年に日本政府の許可を得て学校を建設し、７年後に代々木上原の現在の場所に学校を移転し、隣接した場所に木造建築の「東京回教礼拝堂」を建設した。背景には、第2次世界大戦直前の日本政府によるイスラム宣撫政策があり、日本側の寄付で建設費用が賄われ、落成式には日本の軍関係者やアジア主義者の巨頭で「玄洋社」総帥であった頭山満ら右翼関係者が参列した。

戦後は、1986年に老朽化で礼拝堂が取り壊され、新たに創設された東京トルコ人協会によって、「ジャーミイ」建設を条件にトルコ政府に土地を寄付した。滞日タタール人の多くが戦後、トルコ国籍を取得していたからだ。だが、「東京ジャーミイ」が完成したのはそれから14年後で、トルコ共和国宗務庁が基金を設立し寄付により建設を進め、2000年6月に「東京ジャーミイ・トルコ文化センター」として生まれ変わった。建設にはトルコから100人を超える技術者、工芸職人が来日し腕を振るった。

「ハラール」を伝授した導師と外国人タレント

新大久保駅の近くにある東京・新宿区百人町のコリアンタウンの一角に厳然たる「イスラム横丁」ができている。足を運べば分かるが、イスラム教にのっとった食材を販売する「ハラール・ショップ」やみやげもの屋などが軒を連ねている。今では「ハラール」も相当認知度が高まっているが、1964年の東京オリンピック当時、「イスラム教では豚が食べられない」といった程度の認識しかなかった。このため、代々木の選手村にハラールに対応できるレストラン「富士食堂」を設けたが、ここで出された料理は「東京ジャーミイ」と深いかかわりがあった。

小太りで口髭をはやした帝国ホテルの初代総料理長の村上信夫氏（1921～2005年）が、自著『帝国ホテル厨房物語　私の履歴書』の中で選手村における料理長としての奮闘ぶりを紹介しているが、フランス料理の重鎮に「ハラール」料理の作法を伝授したのは、「東京ジャーミイ」の第5代導師（イマーム）であるアイナン・ムハンマド・サファであった。導師はロシア革命後に亡命して来たタタール人であったが、村上料理長は導師にイスラム教の祈りをしてもらうとともに、今では当たり前の「ハラール認証」にあたる〝証明書〟をわざわざ書いてもらい食堂に貼り出したという。

さらに、サファ導師にまつわるもう一つのエピソードがある。実は導師の子息は日本の〝外国人タレント〟の草分けであるロイ・ジェームス（1929～82年）であった。昭和世代には懐かしいタレントで、ハンサムな顔立ちとは裏腹にその辛口トークで人気があった。日本育ちで当然日本語はペラペラだが、風貌は欧米人。明治大学在学中に、デンマークと日本の〝ハーフ〟であるタレント・E・H・エリックの紹介で〝外国人タレント〟としてデビューした。

もう一つ在日トルコ人のエピソードに触れておこう。湾岸戦争勃発直前のイラクにおける日本人救出劇で活躍したトルコ人プロレスラー兼レフリーのユセフ・トルコ（1931～2013年）である。イラクがクウェートに侵攻し現地にいた日本人を実質的な人質としてイラクへ連行した。日本政府の人質解放交渉が難航する中、岸戦争勃発1か月前の1990年12月、当時参議院議員だったプロレスラーのアントニオ猪木が自ら新日本プロレスの一行を引き連れトルコ経由でイラク入りした。自己宣伝のパフォーマンスだとの批判もあったが、サダム・フセイン大統領の息子であるウダイ・フセイン・スポーツ大臣と会見し、出国を差し止められていた日本人36人と在留邦人6人の解放を実現した。この時、世界の航空会社がイラク飛行を拒否する中、ユセフ・トルコが自身のコネを使ってトルコからチャーター機を手配し、ヨルダン経由でイラクへ入るお膳立てをした。それがなければ、人質はイラクから出国できなかった。

増え続ける街中のモスク

日本は、近代以前にイスラム教がほとんど及ばなかった世界でもまれな国家である。イスラム世界に対する〝無免疫国〟と言えるだろう。朝鮮半島も日本と同様にイスラム世界の圏外にあったとされるが、それでもイスラム世界との接触は日本よりはるかに古く、新羅の時代の7世紀に交流が始まり、10世紀の高麗時代には首都にモスクがあったとされる。韓国のムスリム（イスラム教徒）人口が急増したのは朝鮮戦争（１９５０～53年）以降で現在約20万人と見込まれ、日本の滞日ムスリム数は10万～11万人（推定）とされている。日本におけるムスリムとモスクの増加は、１９８０年代後半のバブル時代にパキスタン、バングラデシュ、イランなどの外国人労働者の流入から始まった。店田廣文・前早稲田大学教授によると、モスクと言っても「東京ジャーミイ」のような立派なものではなく、コンビニや工場を改装した小規模なモスクであった。１９９９年に14か所だったモスクは２０１０年に67か所に急増しているが、その多くが日常の礼拝場所の確保とムスリム同士の交流のためのコミュニティー型のモスクだとしている。

しかし、最近のモスク建設は、コミュニティー型から宗教的な機能を重視したモスクが増え始めていると店田前教授は指摘する。今後、外国人労働者の受け入れ拡大で、この傾向は一段と高まるのであろう。日本の全人口の０・１％でしかない現在のムスリムは、まだ地域住民との接触が少ないためモスク建設反対の動きはまれである。しかし、２００４年の岡山、２０１４年の富山など、地元住民の反対でモスク建設が中止された例も出ている。

日本とイスラムの〝溝〟を越えて

多くの日本人にとってイスラム教は、世界各地におけるイスラム過激派のテロ事件続発で「過激な宗派」、「危険な宗教」との印象が強い。東京大学の池内恵教授は、日本人にイスラム教への抵抗感がある理由として、イスラム教の最重要な柱である「律法」がすんなり理解できないためだと指摘している。そして、二つ目の理由として、イスラム教共同体が信者に対して社会的、政治的な帰属意識を強く求めていることを挙げる。イスラム教には絶対的な「神」が存在し、「律法」の定めによって人間に対して何を信じるべきか命令をする。日常生活の戒律的な取り決めも多い。

これに対し、日本では「八百万の神」と言われるように、必要な宗教をその時々に取捨選択できる。クリスマスを楽しみ、新年には神社仏閣でお参りをする。イスラム教ではそうしたことは認められない。イスラム教においては、〝律法〟を受け入れるか、入れないかの選択権が信者にそもそもない。日本人はそうしたことに拒否反応が強く馴染めない。「一神教」と「多神教」との違いと割り切れば済むように思えるが、ことはそんなに簡単ではない。特に、池内教授が鋭く指摘しているのは、イスラム教徒が日本人の信仰の在り方に驚きを持っているのに対し、日本人は「イスラム教徒がそんな驚きを持っているとさえ感じていない」ことだとする。この全くかみ合わない理解の深い溝を、池内教授は「非対称性とギャップ」と呼ぶ。そして、池内教授は今のところ「この非対称性とギャップは相互の無関心によって問題化が回避されている」としている。

しかし、2010年の〝中東の春〟以降、イスラム教的思想はアラブ世界の周縁である東南アジアに急速に浸透し続けている。そうした流れの中で日本は外国人労働者の受け入れ拡大という実質的な「移民政策」へ舵を切ったが、池内教授はこの相互無関心が「いつまで続くのだろうか」と強い懸念を表明している。そして、もうひとつ留意しなければいけないことは、イスラム世界との交流が急拡大する中で、かつての山田寅次郎のように日本とイスラムの世界をつなぐ人材がとてつもなく不足している現実である。日本は、いつまでもイスラム世界に〝無免疫〟でかつ〝無関心〟でいられるのだろうか。

聖ニコライ、明治時代に最も有名だった外国人

「正教伝道」波乱の半世紀

モスク「東京ジャーミイ」とイスラム世界に触れたので、それに先立つ明治期の、日本では一般的にロシア正教と呼ばれる「正教」伝道にも触れておこう。

明治時代に最も有名だった外国人は、東京・神田駿河台の「ニコライ堂」の名で知られる聖ニコライ（1836～1912年）であったといわれる。ロシア人で本名はイヴァーン・ドミートリエヴィチ・カサートキンというが、日本正教会では「亜使徒聖ニコライ」と呼ばれている。聖ニコライは明治維新より7年前の1861年に箱館（函館）のロシア領事館付きの正教司祭として来日した。北海道・東北なまりの達者な日本語を操り、書道も上手で仏教や日本史にも通じていた。「同志社」創設者の新島襄、宗教家の内村鑑三、外務大臣を経験した副島種臣や後藤新平ら多くの知人を作り、当時「聖ニコライほどの知日家はいない」とまで言われた。明治天皇も聖ニコライが大好きであっ

たという。

しかし、正教伝道にささげた日本在住50年に及ぶ聖ニコライの生涯は、その人気ぶりとは裏腹に波乱の連続であった。日露戦争の時には〝露探〟（ロシアのスパイ）と罵声を浴びせられ、迫害されながらも帰国せず正教会を守り抜き、日本各地の収容所に移送されてきた多数のロシア兵捕虜のもとへ日本人司祭を派遣しケアした。そのためロシア国内でも聖ニコライの名声は高まった。しかし、そんな聖ニコライの物語は今、語られることは稀である。

「ニコライ堂」の正式名称は「東京復活大聖堂」と言い、ほぼ7年をかけて1891年に完成した東洋一のビザンチン洋式の聖堂である。今ではビルの狭間に見え隠れする大聖堂だが、当時は神田駿河台にその堂々たる存在感を誇示し、第2次世界大戦の東京大空襲でも焼失せずに残った。一説にはその丸い天井ドームが米軍機の東京爆撃の目標確認の座標だったから爆撃による焼失を免れたという話さえある。また、大聖堂近くの神田川にかかる橋は、対岸の湯島聖堂と大聖堂をつなぐという意味で「聖橋《ひじりばし》」と今でも呼ばれている。

『日本幽囚記』に触発される

プチャーチン提督が日本と締結した日魯通好条

1880年主教に叙されて間もないころの聖ニコライ（出典：司祭パウエル及川信著『日本正教会の歴史』、日本ハリストス正教会教団）

約（1855年）と日露修好通商条約（1858年）によって、ロシアは箱館に駐日ロシア領事館を設置した。その時、初代の領事館付き司祭が着任するが高齢のため短期で交代し、その後任に募集で選ばれたのが聖ニコライだった。聖職者のエリートコースであるサンクトペテルブルク神学アカデミア卒の24歳であった。聖ニコライが日本赴任を希望したのは、ロシアの測量船「ディアナ号」艦長のゴローニンが著した『日本幽囚記』（1816年）に影響されたからだと言われている。ゴローニン艦長らは1811年に千島の測量をしている際に、国後島《くなしりとう》で松前奉行に捕縛され約2年3か月も日本に抑留された。その『日本幽囚記』は詳細な捕虜体験記とともに「日本国及び日本人論」によって当時の日本の姿をしっかりと伝え、欧州各国の偏見に満ちた日本認識の是正に役立ったとされている。

ゴローニン艦長の千島測量は、1804年にロシアのレザノフ特使が長崎に来航し、徳川幕府に開国を要求し拒否されたことの流れの中で起きた事件だった。しかし、ゴローニン艦長は長期抑留されながらも、探検家・間宮林蔵の天文や測量に関する諮問に応じ、幕府天文方の役人である馬場佐十郎らにロシア語を教えるなど重要な役割を果たした。ロシアの侵略を恐れながらも、一方で幕府はロシアから学ぶべきものにはかなり貪欲であった。

ロシアから独立した「日本正教会」

ところで、数年前にニコライ堂の日本人司祭に取材した際、「ロシア正教のことですが」と切り出すと、すかさず「ここはロシア正教の教会ではありません。正教会の教会です」とクギを刺されてしまった。正教会はキリスト教のカトリック、プロテスタントと並ぶ三大教派の一つで、「東方正教会」（もしくは「ギリシャ正教」）と呼ばれている。キリスト教は４世紀にローマ帝国の国教となり１０５４年に西ローマ帝国と東ローマ帝国（ビザンチン）に分裂すると、西のローマ・カトリック教会に対して東方正教会（オーソドックス、Orthodox）として東ローマ帝国のコンスタンチノープル（現イスタンブール）を中心に発展した。

さらに、オスマン帝国（トルコ）によって東ローマ帝国が１４５３年に滅ぼされると、モスクワが東方正教会の最大勢力になった。このため日本では正教というと「ロシア正教」と言われることが多い。日本人司祭は、「日本ではロシア正教とかギリシャ正教と言われるが、それは歴史の過程で正教会の中心地が変わった影響です。ニコライ堂は日本正教会の中心的な教会で、ロシア正教の教会ではありません」と明言した。

その正教を１８６１年に来日して伝えたのが聖ニコライで

ニコライ堂正面（筆者撮影）

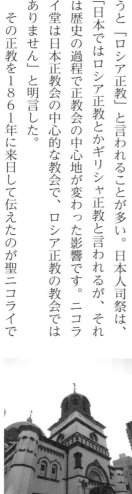

あり、ニコライ堂は日本正教会の中心教会（首座主教大聖堂）となっている。日本人司祭によれば、「聖ニコライがロシア正教の主教であったことから、ニコライ堂はロシア正教会に似た建物や聖歌などを受け継いでいる」と説明した。しかし、複雑な日露関係を反映して、日本正教会は戦後もロシア正教会と長い間疎遠のまま、１９７０年に母教会のロシア正教会から独立して「自治正教会」となった。最近でも、ウクライナのクリミアを占拠したロシアへの反発から「ウクライナ正教会」の独立が２０１８年10月に承認されている。日本では、ニコライ堂を中心に東日本主教区など３教区、全国に約60か所の教会を持っている。

新島襄、沢辺琢磨、そして杉原千畝

聖ニコライは、来日してから足掛け9年も箱舘に住んでいた。来日3年目には、新島襄と出会い家庭教師として日本語や日本史を教わっている。日本語習得には『古事記』を教材にしたという。その間、新島はニコライの住居の一室に同居していたが、１８６４年7月に幕府の海外渡航の禁を犯して箱館神明社の宮司をしていた知人の沢辺琢磨《さわべたくま》（本名・山本数馬）の神社に逗留した後、変装して日本を脱出した。

この沢辺琢磨（１８３４～１９１３年）は、聖ニコライにとっては因縁深い運命的な人物である。沢辺は土佐出身で坂本竜馬のいとこにあたり、武市半平太に師事した筋金入りの尊王攘夷の志士であった。剣術の達人だった沢辺は1865年に邪教の徒を切り捨てると聖ニコライの住居に乗り込んだ。しかし、180センチを超える体躯、茶髪、あごひげ姿のニコライと対峙した沢辺は、ニコライの落ち着いた物腰と気迫に圧倒されてしまう。沢辺はその3年後の1868年にニコライから聖洗機密（洗礼）を受け「日本正教会」の最初の信者となり、やがて日本人初の司祭となった。洗礼名はパウェル（パウロ）という。余談だが、昭和の時代に入って同じ洗礼名を持つ日本人正教信者に「6000人の命のビザ」を発行しユダヤ人を救った外交官・杉原千畝[*1]がいる。杉原はニコライ堂の敷地内にある旧ニコライ学院で教鞭をとったことがある。晩年、杉原は天国に行く前に「枕元に正教の司祭を呼んでほしい」と家族に依頼していたが、それは叶えられなかったという。

大津事件とニコライ堂完成

明治維新後、東京にロシア公使館が開設されると、聖ニコライは1872年9月に駿河台に移転する。この頃から大聖堂建設という大望を抱き、1879年に一時帰国をした聖ニコライは献金協力者を募るためモスクワなどロシア各地を訪ね歩いている。その中には、作家ドストエフスキーもいた。「正教の大義こそがロシアの未来」と声高に説く汎スラブ主義者だったドストエフスキーは、極東の日本で正教の布教をするニコライに強い関心を抱いていた。また、日露和親条約などの締結を終えて帰国していたプチャーチン提督一家にも温かく迎いれられている。そうした資金集め努力の結果、ニコライ堂の起工式は1884年に行われ、英国の建築家ジョサイア・コンドルの設計で清水建設が建設した。

ところが、1891年5月の完成を祝う大事な成聖式にロシアのニコライ皇太子（ニコライ2世）が参列する予定だったが、来日中の皇太子は直前の同年5月11日に起きた大津事件で重傷を負い参列できなくなってしまった。日露間に激震が走った大津事件とは、ニコライ皇太子が琵琶湖岸の大津を人力車に乗って巡行中に、警備中の津田三蔵《つださんぞう》巡査にサーベルで切り付けられ頭部に負傷した事件である。明治天皇も見舞いに駆けつける大騒ぎとなった。しかも裁判でもさらなる余震が続いた。大審院長の児玉惟謙《こだまいけん》が政府部内やロシア側からの「死刑」という厳罰要求に対し、刑法の「大逆罪」は適用できないとして殺人未遂・傷害罪で「無期懲役」を宣告したからだ。このため、青木《あおき》周三《しゅうぞう》外相と西郷従道《さいごうじゅうどう》内相が責任を負って辞任した。外相の後任には、幕末の箱館戦争で敗北しながら這い上がってきた榎本武揚が就任した。榎本は牢獄に2年半投獄されたあと明治政府に仕え、駐露特命全権公使として1875年に樺太千島交換条約を締結している。

大津事件の背景にはロシアのシベリア鉄道竣工による極東進出があり、日本に充満しつつあったロシアへの恐怖心を反映したものであった。大津事件で戦争は起きなかったが、被害に遭った皇太子がニコライ2世として皇帝に即位した1894年以降、日露関係は徐々に悪化し、ロシアが日清戦争後の1895年に行った仏独露による「三国干渉」を主導したことで、日露関係は一気に険悪化し、最終的に日露戦争に発展した。

日露戦争での受難

聖ニコライは日露戦争勃発直前に、駐日ロシア公使から帰国を強く要請されたにもかかわらず「日本の正教会を置き去りにできない」と残留した。だが、聖ニコライは「露探（スパイ）の頭目」と罵倒され、正教会の日本人聖職者が暴漢に襲われ、信者たちはパニック状態に陥った。それだけに聖ニコライの残留決断は信者に大きな安堵感を与え、喜びのあまり泣き出す者もいたという。

日露戦争における日本軍は苦戦続きで旅順攻防戦と奉天会戦で勝利はしたものの戦争が長期化すれば形勢が逆転しかねない〝辛勝〟だった。日本側の戦病死者は約11万6000人でロシア側の3万6000人を大きく上回った。ルーズベルト米大統領の仲介でポーツマス条約が1905年9月5日に締結されたが、その日に東京では日比谷焼き討ち事件が起き、駿河台のニコライ堂に怒り狂った暴徒たちが押し掛け一触即発の状態となった。日清戦争を上回る賠償金と領土の獲得を期待していた国民にとって日露戦争の講和条約は成果が乏しく失望する内容だったからだ。

一方で、開戦後しばらくするとロシア兵捕虜が続々と日本へ送られてきた。元北海道大学教授の中村健之介氏によれば、捕虜は旅順陥落で約4万4000人、奉天会戦で約2万人、全体では7万9454人に上ったとしている。捕虜収容所は松山、熊本、大阪、名古屋、千葉など全国27か所に及んだ。聖ニコライは、ロシア語のできる日本人司祭を各収容所に送り、捕虜たちを慰問しケアした。

特に最初の収容所である松山には延べ６０００人のロシア軍兵が収容されたが、捕虜は外出や観光をしたりするなど幅広い自由を与えられ、人道的な環境の中で捕虜と市民は自転車競技大会などの市民交流も行った。根深い対立のあるロシア兵とポーランド系兵士の分離収容にも配慮した。このため「マツヤマ」は他の収容所のロシア人捕虜の憧れの収容所となったという。松山のキリスト復活聖堂には収容所で亡くなったロシア兵士90人が葬られ、今でも地元の人々による「ロシア人墓地保存会」が守り続けている。松山のキリスト復活聖堂のおかげで１９０９年5月には長崎で戦没ロシア人合同慰霊祭が執り行われ寺内正毅陸軍相が参列したことによって日露戦争は一応の終わりを告げている。

守護聖人、波乱の晩年

聖ニコライは１９１２年2月16日に駿河台の自室で死去したが、それは来日からちょうど50年目の日であった。幕末から明治時代を丸々生き抜いた聖ニコライは、波乱の日露関係史の中で正教会への献身を通じて、日露両国関係の維持発展に大きく寄与した愛すべき司祭であった。75歳の天寿をまっとうした時、ニコライの私物はほとんど残っていなかった。そして、ロシア正教会は１９７

0年に日本正教会の独立を認めるとともに、聖ニコライを「日本亜使徒・大主教・ニコライ」として、日本の〝守護聖人〟に列聖した。

しかし、稀代の〝知日家〟であった聖ニコライの晩年は、ロシアから送金されてくる宣教資金の枯渇や後継者問題をめぐり苦悩の連続でもあった。最初の日本人司祭・沢辺琢磨らが起こした「有志義会事件」（1884年）のしこりも長く尾を引いた。同事件はニコライが財政を独り占めし大聖堂建設に大金を投じたとして、薄給の日本人伝教師らが起こした分裂・造反事件だった。優秀な伝教師や優良な信者が数多く正教会を離れた。

しかし、聖ニコライはそれにもめげず、愛嬌のある日本語で多くの日本人に強烈な印象を残し、温かみのある笑みを投げかけた。葬礼議事録によれば、聖ニコライの葬列が御茶ノ水橋を渡ると、女子高等師範学校（現お茶の水女子大）付属女子高等学校の数百名の生徒が整列し最敬礼をしたとある。そして、「途上にはいたるところに人衆雲集、通路の人垣を築き、静粛に歓送せり」だったという。「明治時代に最も知られた外国人」の聖ニコライの足跡を振り返ることは、より広い視点から新たな日露関係に想いをはせることになるだろう。

＊注

［1］『正教時報』正教時報社（2015年5月号）

7章 東アジアの絆としがらみ

孫文と梅屋庄吉・トク夫妻（出典：坂文乃著『革命をプロデュースした日本人』、講談社）

〝中国の国父〟孫文を支えた盟友・梅屋庄吉

孫文の遺言「革命未だ成らず」

　中国共産党による政権樹立から2019年10月で建国70年を迎えた中華人民共和国。しかし、香港における「雨傘運動」（2014年）や逃亡犯条例改正問題を発端とする学生や市民による大規模デモの激化に対して、中国は香港統制のための国家安全維持法（2020年6月）を制定した。そうした現実を目の当たりにして、20世紀の特筆すべき中国の革命家であった孫文（1866～1925年）の存在を改めて想起せざるを得ない。孫文が直面した問題がまさに「民主か、独裁か」であったからだ。今や米国と並ぶ世界の最強国となった中国・習近平政権は、米中対立の激化や西欧世界からの厳しい人権批判の中で一党独裁の政権基盤を強化している。だ

孫文（出典：台北、国府記念館）

が、その一方で民主化への動きが中国社会を不安定化させることにますます神経をとがらせている。

孫文は1911年の辛亥《しんがい》革命で、秦の始皇帝以来の〝皇帝政治〟に終止符を打ち、近代中国の門戸を開いた革命家だ。その孫文が翌12年に樹立した中華民国は当時の世界においてめずらしい「共和政体」を採用し、民主的な選挙制度による議会政治を採り入れようとした。もうほとんど忘れられてしまっていることだが、その先見性は、孫文の後を継いだ蔣介石（1887〜1975年）の中華民国が共産党との戦いに敗れ台湾に移ると、中国大陸から姿を消した。共産党が1949年に中華人民共和国を樹立し、中国は共和政体とは相反する一党独裁政権に生まれ変わった。

香港の民主派が起こした大規模デモや、台湾での反中国的な「ひまわり運動」（2014年）は、建国70年を経てますます強権的になってきた中国への不信と抵抗の表れであり、まさに孫文が予見した「共和政体」という名の民主制実現に逆行する根源的な問題を含んでいる。孫文は1925年3月、北京で肝臓がんのために死去し、その遺書に「革命未だ成らず」と書いたが、専制化を強める中国の動向はまさに孫文が理想とした「共和政体」が未だ実現していないことを浮き彫りにしている。

中国革命に尽くした日本人

しかし、そんな孫文は日本と深い関わりを持っていた。孫文は辛亥革命実現のために日本に二度亡命し、日本を〝革命拠点〟として活動し、その人生の三分の一を日本で過ごした。孫文とともに革命への道を歩んだ中国人同志の多くも日本への留学経験を持つ血気盛んな青年たちであった。そして、終生変わらぬ〝盟友〟として孫文を支援し続けた日本人がいた。明治時代の風雲児で日本映画会社「日活」の創業者の一人である梅屋庄吉《うめやしょうきち》（１８６９〜１９３４年）と、〝大陸浪人〟として活躍した浪曲師の顔も持つ宮崎滔天《みやざきとうてん》（１８７１〜１９２２年）である。生まれでいうと、孫文が１８６６年で、梅屋が2歳下、さらに宮崎がその2歳下という同世代であった。

趙軍・千葉商科大学教授の「中国革命に尽くした日本人」という論文によると、孫文には３００人以上の日本人の知り合いがおり、その人脈は大きく三つのグループに分類されるという。第一は自由民権主義の立場から中国革命に参加した宮崎滔天や萱野長友《かやのながとも》らの「大陸浪人グループ」、第二は日本の国益擁護の立場から関与した頭山満《とうやまみつる》、内田良平《うちだりょうへい》らの「国権主義グループ」、第三が犬養毅《いぬかいつよし》、久原房之助《くはらふさのすけ》らの「政財界人グループ」だという。そして、そのいずれにも属さない純粋な民間人として孫文を支援し続けた梅屋庄吉がいた。

孫文と梅屋との出会いは１８９５年3月、香港の梅屋の「梅屋照相館」（写真館）であった。孫文29歳、庄吉27歳で、引き合わせたのは孫文の恩師で医師の英国人ジェームス・カントリー博士だった。写真好きの博士が、孫文を連れて梅屋の写真館を訪れたのがきっかけだった。14歳の時から海外に雄飛し上海、香港を活動基盤にしていた庄吉は、中国社会の混乱と東洋の将来を心から憂いていた。二人は会った直後から意気投合し、梅屋は「君は兵を挙げたまえ、我は財を挙げて支援す」と約束したという。

孫文は約7か月後に広州での武装蜂起を決断し、日本政府に武器提供を求めたが協力は得られなかった。しかも、計画が事前に洩れたため横浜に逃げたが、日本への亡命も拒否されハワイへ向かった。その後、米国、英国、シンガポールなどを転々とし革命運動を継続した。孫文は１８９５年の広州から武昌（辛亥革命）まで12回の蜂起を仕掛けたが、ほとんどが失敗に終わり、武昌でようやく革命に成功する。梅屋庄吉はそんな孫文に映画ビジネスで儲けた大金を惜しげもなく提供し続け、一説には革命のために現在の価格で2兆円近い資金を投じたのではないかと言われている。そのスケールの大きさは尋常ではなかった。

革命家・孫文

孫文の生涯を振り返るにはあまりに紙幅が足りないが、孫文は１８６６年11月12日に広東省香山県の貧しい村の農家に6人兄弟の3男として生まれた。15歳の時まで靴を履いたことがなかったという。9歳の頃に叔父から「太平天国の乱」（１８５１～64年）の話を聞き、その首謀者である洪秀全《こうしゅうぜん》を敬慕した。同郷の洪秀全はキリスト教を基にした宗教教団を組織し、「滅満興漢」（満州族の清国を倒し、漢民族の国を興す）を掲げ蜂起し南京、天津、上海など中国全土の半分近くを支配下におさめ首都を南京とした。14年後に太平天国は滅亡したが、孫文の「清朝打倒」は洪秀全の反乱から大きな感化を受けたものだ。

貧しかった孫文は13歳の時、ハワイに移民しサトウキビ農園の経営で成功していた長兄のもとへ身を寄せ、キリスト教系学校で教育を受けた。ハワイ生活は約5年に及んだ。帰国すると香港で米国人牧師から洗礼を受けキリスト教徒になるとともに、中央書院、さらに西医書院（現香港大学医学部）を卒業して医師となる。「太平天国の乱」で芽生えた民族意識にキリスト教信仰が加わり、孫文は日清戦争の混乱の中、1984年にハワイに戻り革命秘密結社「興中会」を結成し、革命運動を本格的に開始した。孫文28歳の時である。だが、既に触れたように孫文は最初の広州武装蜂起に失敗して清国から追われる身となった。

この時、孫文は日本に武器の供与を求めたが、当時の外務省通商局長であった原敬（のち首相）を通じても日本政府は動かなかった。梅屋庄吉は孫文に日本亡命を勧めたが、孫文の亡命が認められず横浜から再びハワイへ向かった。その後、米国、英国で活動を続けた孫文は、ロンドンでも清国公使館に監禁（1896年）され辛くも救出されている。孫文はこの時のことを英文で『ロンドン遭難記』として出版し国際的な知名度を一気に高めた。

孫文は1897年夏に再び横浜に戻ると、生涯の盟友となった宮崎滔天と出会った。自由民権運動の影響を受け、中国革命を通じて世界の変革を目指していた革命運動家・宮崎は犬養毅の支援を取り付けて日本政府を動かし、孫文に滞在許可を取得させた。孫文は横浜を活動拠点としたが、そこには支援者である相当数の華僑がいた。大きく動いたのは、日露戦争（１９０４〜05年）の時である。孫文は１９０５年に東京で中国革命を目指す結社３団体を一本化して「中国同盟会」を結成した。孫文がそれまで主張してきた民族主義、民権主義、民生主義を柱とする「三民主義」を採択し、機関紙『民報』を発行した。宮崎滔天の自宅に発行所の看板が掲げられ、梅屋庄吉が資金を提供した。

梅屋庄吉と映画ビジネス

孫文を支援し続けた梅屋庄吉の英気と行動力はどこから生じたのであろうか。梅屋は明治維新のあった１８６９年に長崎で生まれた。鎖国時代の出島が象徴するように、長崎は当時のグローバル世界への触覚であり〝孵化器《ふかき》〟のような場所だった。父親は本田松五郎だが、親戚の梅屋吉五郎に子どもがなかったため、庄吉は生後すぐに貿易と精米業を営んでいた梅屋の養子となった。利発で好奇心旺盛な庄吉は14歳の時、梅屋商店の持ち船に無断で乗り込み上海へ渡航した。上海の巨大なドックを見て海外雄飛の夢を抱いた。また、上海で初めて口にしたスッポンの味は忘れられなかったという。

以後、梅屋庄吉は鉄砲玉のように中国、東南アジアを放浪し、写真技術を身につけ１８９４年に香港で写真館「梅屋照相館」を開業した。孫文と出会った場所である。実は、香港には愛人がいたが、一人で一時帰国した庄吉は家業を継ぐように求める養父の強引な勧めでトクと結婚した。庄吉の人生にとって世話好きなトクの存在は大きかった。トクは、1875年に長崎県・壱岐の武家だった香椎家に生まれたが、梅屋家に請われて養女となった。家業を切り盛りしただけでなく、外国人客にも英語で平気で対応する一家の要《かなめ》のような存在となったという。

梅屋庄吉は1904年、清国から孫文の支援者として逮捕状が出されたと知って香港からシンガポールへ逃亡した。財産は置き去りだったが、庄吉は荷物の中にフランスのパテー社製の映写機と記録映画フィルムを携えていた。これを元手に、庄吉は日露戦争での日本の勝利に沸き返るシンガポールで即席の映画館を開館し、「日露戦争」という映画を大当たりさせ大金を手にした。1905年に11年ぶりに日本へ帰国した際、所持していた資金は何と50万円、現在価格で約10億円という巨額だったという。日本に戻った庄吉は1906年、東京で活動写真の配給会社「Mパテー商会」を設立し、配給から自社制作の活動写真『大楠公』、『大西郷一代記』など多数の作品を上映し大儲けした。それだけではない。梅屋は東京・日比谷公園で行われた、朝鮮で暗殺された伊藤博文元首相の国葬を公園内のレストラン「松本楼」から撮影し、大きな特ダネ記録映画を制作した。しかし、明治末期の映画会社は経営基盤がぜい弱で、日本映画界の前途を案じた梅屋庄吉は映画会社の大同団結を画策し1912年9月に「日本活動写真株式会社」（日活）を立ち上げた。成功するかに見えた日活だったが、折悪く明治天皇崩御で娯楽は自粛。内紛騒ぎもあって、庄吉は日活の取締役を引責辞任した。だが梅屋庄吉は全くめげることはなく孫文を支援し続けた。

宋慶齢との「許されぬ結婚」

孫文は1911年10月に武昌蜂起で革命に成功する。この年の干支《えと》にちなんで「辛亥革命」と呼ばれ、その日が新暦（太陽暦）で「10月10日」であったことから中華民国の国慶節は「双十節」と呼ばれるようになった。それは上海から1700キロも離れた長江上流の成都から始まった革命の戦いであった。だが、その時、孫文は米国におり、帰国し上海に姿を現したのは12月だった。母国を離れて16年に及ぶ漂流と苦闘を乗り越えての凱旋であった。熱狂的な歓迎を受けて迎えられた孫文は、古都・南京で中華民国の臨時大総統に選出された。当時米国、フランス、スイスなどわずかな国しか採用していない「共和制」国家を樹立した孫文の決断は、延々と続いてきた専制王朝の中国の歴史に幕を降ろした。そして、多くの中国人が思いもよらなかった「立憲君主制」をはるかに超える歴史的な大英断をした。

しかし、革命軍は寄り合い所帯で内部抗争が絶えず、当時北京にいて強大な軍事力を擁した袁世凱《えんせいがい》の独裁を許し革命派は追いやられた。このため孫文は1913年に「反袁世凱」を掲げて第二革命のため日本へ亡命した。この時、腹心として孫文を支援した実業家・宋嘉樹も日本に一緒に逃れた。宋には三人の娘がいた。長女の靄齢《あいれい》、次女の慶齢《けいれい》、三女の美《み》齢《れい》はみな美人で、長女は有名な実業家の孔祥熙《こうしょうき》、三女は蔣介石と結婚した。次女の慶齢は「許されぬ恋」と批判されながら反対を押し切って孫文と結婚した。もともと孫文の秘書だった長女が結婚したため、米国の大学に留学経験のある慶齢が秘書を引き継いだ。慶齢は、孫文に妻がいることを知りながら深く敬愛し恋に落ちた。親の反対で二人は日本と中国に離ればなれとなると、孫文は大きく落胆した。その落ち込みぶりをみかね、トクは中国の慶齢のところにこっそりと使者を送り、結婚の意思を確認した。慶齢は１９１５年、置き手紙をして上海の実家を出て東京に戻った。その年の10月に、梅屋庄吉の自宅で孫文と慶齢は結婚した。孫文48歳、慶齢22歳であった。孫文には３人の子をもうけた盧慕貞という妻がいた。許されぬ恋であり結婚だった。

日比谷公園内の「日比谷松本楼」の１階ロビーに、慶齢が愛用したと言われるアップライトピアノが展示してある。もともと梅屋邸にあったもので、慶齢が時々弾いていた１９０７年製の日本楽器（現ヤマハ）のピアノだった。梅屋庄吉の曾孫である小坂文乃さんの著書によると、慶齢は孫文にベートーベンの「エロイカ」（英雄）を弾いたことがあるという。

宋慶齢ゆかりのピアノ　日比谷松本楼ロビーに展示（筆者撮影）

もう一人の盟友・宮崎滔天

「民主か、独裁か」――中国近代化の岐路に立っていた孫文の命題は今なお継続していると言える。孫文が「三民主義」の中で打ち出したのが、「共和政体」であった。熊本県荒尾村（現荒尾市）生まれで、東京専門学校（現早稲田大学）で学んだ宮崎滔天は、1897年に横浜で孫文と初めて会うと、「君の支那革命は何か」と単刀直入に聞いた。孫文は政治の要諦は人民が自ら治めることで「政治の精神において共和主義を執る」と明言した。

宮崎滔天は自叙伝『三十三年の夢』の中で、会談内容を細かく紹介しているが、孫文は「共和政体」こそが中国の長い治世の歴史における〝神髄〟だと言い切った。その言葉は、貧しい後進地域だった当時のアジアにとって極めて先鋭的な思想であり、民主的な選挙を通じた議会政治の実現は、中国国内やその周辺地域でいまも大きな命題となっている。孫文が立ち上げ革命推進に重要な役割を果たした「中国同盟会」の大同団結も、滔天の尽力によるところが大きい。多くの日本人の〝大陸浪人〟がアジア主義から国益優先へ傾斜していく時代にあって、宮崎滔天は梅屋庄吉とともに孫文の革命精神実現を同志として支援し続けた。

ところで、辛亥革命に成功しながら半年余りで日本へ亡命することになったのは、軍閥の袁世凱が軍事力を背景に権力を掌握して帝政を復活させたからだった。袁世凱は1915年12月に皇帝即位を宣言して「洪憲皇帝」を自称した。だが、1916年6月に急性腎炎であっけなく死去し、反革命は突然消滅した。その後、中国国内では軍閥の権力闘争で混乱が続いたが、孫文は1919年に「中国国民党」を発足させ、1921年に正式に中華民国大総統に就任した。

孫文は1924年に来日し、神戸高等女学校で歴史的な「大アジア主義」の演説を行った。

「日本民族は欧米の覇道文化を取り入れる一方、アジアの王道文化の本質を持っている」

「今後日本が世界の文化に対し、西洋覇道の犬となるか、あるいは東洋王道の干城となるか、それは日本国民の慎重に考慮すべきこと」

これが、孫文が日本人に放った言葉であった。第1次世界大戦中、日本はドイツ租借地の山東省青島を占領し、1915年1月に皇帝・袁世凱に「対華21か条」の要求を突きつけ、中国侵略への野望を露骨にした。中国側の反発は猛烈で、やがて1919年5月4日北京で学生が「抗日」を叫びながら反政府デモを始めると、中国全土に瞬く間に拡大し「五・四運動」となった。孫文の神戸演説は、辛亥革命のための亡命生活を支えてくれた日本への心からの警鐘であった。だが、梅屋庄吉はこの歴史的な神戸での演説の時、病床にあって直接聞くことはできなかった

孫文も帰国後、天津で腹部に激痛が走り病に倒れた。末期の肝臓がんで、1925年3月12日、「中国革命の父」は死去した。享年58歳。その遺書には、「革命未だ成らず」と記されていた。1929年に南京紫金山で行われた孫文の国葬には、日本から犬養毅が特使として派遣され、庄吉は日本人としてただひとり宋慶齢夫人とともに孫文の棺に付き添った。宮崎滔天は1922年に亡く

なっていた。

梅屋庄吉は、その後孫文の銅像を日中両国に建設寄贈した。現在そのうちの4体が残っているという。しかし、日本では軍国主義が加速し、庄吉が最も信頼していた犬養毅首相が五・一五事件で暗殺されると日中の平和的解決の道は遠のいた。梅屋庄吉は1934年、千葉にあった別荘近くの駅のホームで昏倒し、同年11月死去した。庄吉も末期の胃がんであった。

日台の絆、「烏山頭ダム」を造った八田與一

〝慈父〟と呼ばれる八田技師

親日的な台湾の人々が今でも〝慈父〟と慕っている戦前の日本人がいる。ほぼ一世紀前、台湾南部に広がる嘉南《かなん》平野に巨大な「烏山頭《うさんとう》ダム」を建設した利水技術者の八田與一《はったよいち》（1886～1942年）である。かつてはサトウキビすら育たないと言われた平野を、台湾最大の穀倉地帯に変えた八田與一だが、今の日本でそのことに思いを致す人は少ない。しかし、台湾では〝恩人〟としてよく知られ、不幸な死を遂げた八田の命日である5月8日には毎年、地元の人たちによって合同の慰霊祭が行われている。

「百年ダム」と言われる烏山頭ダムは台湾近代化の基礎となった大事業で、1920年に着工し1930年に完成したが、当時その規模

八田與一（出典：金沢ふるさと偉人館ホームページ）

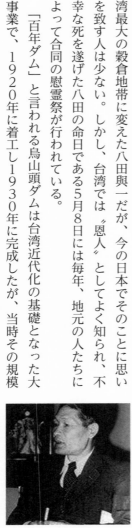

は〝東洋一〟であった。平成時代の1996年に台湾初の民選総統となった李登輝（1923〜2020年）氏が、台湾に寄与した日本人について「八田與一技師がいの一番に挙げられるべきでしょう」と語ったのは有名なエピソードである。ダム建設によってできた貯水湖はダム湖で谷にそって樹枝状に広がるので「珊瑚潭《さんごたん》」と呼ばれ、その湖畔には八田夫妻の墓があり、さらにその墓石の前には八田與一のブロンズ座像が設置されている。

写真で見ると、作業着姿で片膝を立て、右腕をこめかみに当てた姿は、36歳から45歳まで至難なダム工事の指揮をとり続け、地元の人々のために誠心誠意の仕事をした男の安堵感のようなものが漂っている。実際、八田は日本人と台湾人を区別せず、約2000人の現地の作業員の生活環境を整え学校、病院などの福利施設を充実させた。建設途中で関東大震災（1923年）が発生し、日本は予算の大幅カットでダム建設どころではなくなった。だが、台湾人労働者が大量にクビを切られるのではないかとの不安が広がる中、八田が解雇したのは日本人ばかりだったという。ブロンズ像がユニークな作業着の座像となったのは、八田が生前に威圧的な立像を固辞していたからであった。

八田與一の座像と八田夫妻の墓
（出典：Wikipedia）

悲嘆、妻の覚悟の死

八田與一の功績に触れる前に、私が衝撃を受けた、八田の妻である外代樹《とよき》の自殺に触れておかなければならない。八田は太平洋戦争中の1942年（昭和17年）、陸軍の命令で貨物船『大洋丸』に乗船してフィリピンの綿花灌漑調査に向かったが、五島列島沖を航行中の5月8日、米潜水艦の魚雷攻撃を受け撃沈され殉死した。八田の遺体は約1か月後、はるか離れた山口県萩市の沖合で発見された。撃沈の犠牲者は800人を超えたが、上着のポケットにあった名刺で八田と分かった。享年56歳という働き盛りの男の死であった。

八田の妻・外代樹は金沢の医師の家に生まれた。金沢市立第一高等女学校（廃校）を卒業して、すぐ八田と結婚した。16歳の時であり、それから台湾のダム建設の現場で夫とともに2男6女の子どもを育てた。日本へ一時帰国することもほとんどないまま約28年間、台湾で夫を信頼しひたすら支え続けた。

夫の死から3年後の1945年（昭和20年）、敗戦が濃厚となった日本領の台北でも米軍機による空襲がひどくなり、外代樹は、夫が造った烏山頭ダムの建設現場に残っていた職員宿舎に子どもたちを疎開させた。日本敗戦の2か月後には、米軍が台湾へ進駐した。そんな不安と混乱の中、愛する夫を失った外代樹は9月1日未明、いとおしい子どもたちを残して、烏山頭ダムの放水路に身を投げて自殺した。その日はまさに利水技師・八田與一が造った烏山頭ダムの〝起工式の日〟であった。放水路から8キロ先で見つかった外代樹の遺体は、黒の喪服に白足袋だったという。

夫の記念すべき日の非業の死であった。45歳の若さだった。人生の伴侶として台湾での厳しい時代を夫と生き抜いた妻の死に、私は何とも言えぬ悲しみを感じた。夫の不慮の死によって失われたのは、二人で築き上げた人生の思い出であり、忘れられぬ記憶の数々であったのだろう。八田の妻外代樹の自殺は、全幅の信頼を置いた夫への愛情の証しであり、そうすることでしか癒されることのない人生の終わり方だったように思えた。

台湾総督府の土木課技師

八田與一は1886年に石川県河北郡花園村（現金沢市今町）の豪農の五男坊として生まれた。地元・花園村は仏花の菊栽培が有名な場所であった。金沢の第四高等学校を経て、東京帝国大学土木科を卒業した。大学の恩師は北海道の小樽港を設計した広井勇（1862～1928年）だったが、彼の学術研究の成果がコンクリートの耐久性に関するもので、それが八田のダム建設工事に大いに役立った。八田は1910年に東大を卒業すると、台湾総督府に土木課技師

台湾の地図

として就職したが、その頃の東アジア情勢は大きく揺れ動いていた。

朝鮮では、朝鮮民族運動家の安重根《あんじゅうこん》が同年3月にハルビン駅頭で伊藤博文元首相（当時枢密院議長）を暗殺し、その5か月後に日本が韓国を併合した。中国では、満州族の「清国」打倒を掲げた孫文が1911年に辛亥革命を起こし中華民国が誕生したが、臨時大総統となった孫文は内紛からあっけなくその地位を追われた。一方、日本は第1次世界大戦で戦勝国となった勢いでドイツが植民地支配していた南洋諸島の支配権を手に入れるとともに、台湾のインフラ整備や農業振興に力を入れ、台湾を軍事的な「南洋進出」の拠点としようとしていた。

そうした険しさが増す情勢の中で、八田は1918年に外代樹と結婚し、新婚旅行もそこそこに台湾総督府の官舎に新居を構えると、上司とともに華南平野の調査を本格的に開始し、烏山頭ダムの建設に邁進した。着工は1920年で、八田はダム建設組合の技官に任命され、さらにその2年後には所長となり名実ともにダム建設の最高責任者となった。だがその年末、採掘現場でガス爆発が起き約50人の台湾人らが犠牲になった。八田は徹底した原因究明とともに犠牲者家族をくまなく見舞ったが、その心からの行動が台湾人の心を強く打った。1923年の関東大震災でバッサリ予算を切られ人員削減を余儀なくされたが、解雇者には再就職をあっせんし、景気回復後の「再雇用」まで約束するという誠実な対応で、地元・嘉南の人々に長く語り継がれることになった。

難関克服で「烏山頭《うさんとう》ダム」建設

烏山頭ダムは、長さ1・34㎞、有効貯水量は1億5000万㎥、満水面積1000haで、その規模は当時〝東洋一〟と言われた。工法は、日本で初めての「セミハイドロリックフィル」方式（湿式土堰堤工法）が採用された。米国の巨大ダム建設で採用されていた方式で、従来のように土石で堰堤を固めるのではなく、絶えず土圧を測定しながら堰堤の沈下などをチェックする安全性の高い工法であった。ダム建設では〝後進国〟と言われていた日本だったが、八田は新しい工法採用のため1922年に米国に出張し、新工法のための技術取得と建設用機材の大量買い付けを行った。

しかし、ダム建設は難航した。建設準備段階で起きた日本軍のシベリア出兵（1918年）、建設着工後の関東大震災（1923年）などで財政的に遅延を余儀なくされた。しかも、工事は難航をきわめ、その最大のハードルはダムに水を引き込むための「隧道《ずいどう》」建設だった。場所は標高2000m超の峰が18もある阿里山山脈の中で、水はダム建設の場所から山脈を挟んだ反対側を流れる河川「曽文渓《そうぶんけい》」から取り込んだが、そのための「烏山嶺隧道」は長さ3107m、直径は8・5mという大掛かりなものだった。当時、日本国内でもこんなに長いトンネルはなく、東海道線の丹那トンネルがこれに匹敵するが、工事は1916年の着工から18年間もかかっている。シールド工法で進められた丹那トンネル工事では67人の犠牲者を出しているが、同じ工法の「烏山嶺隧道」工事も石油に引火した爆発で台湾人労働者に多数の死者が出た。八田は責任者として犠牲者の家族の面倒をしっかりと見るとともに、珊瑚潭の湖畔に「殉工碑」を作り哀悼の誠をささげた。

もう一つの難しさは測量であった。烏山嶺は海抜263m、海までの導線は20㎞に及んだ。周辺水路の総延長は1万6000㎞で、その給排水路を敷くための緻密な測量が不可欠だった。コンピュータのない時代いかに図面作成が大変だったか、手作業と人海戦術の測量は想像を絶する。それを乗り越えた八田の信念は「建設の基礎は測量」だったという。細かく張り巡らされた灌漑設備は「嘉南大」と呼ばれているが、水田面積はダム建設前の30倍に増え、完成7年後には台湾特産のサトウキビの生産が4倍増、農業生産は11倍に跳ね上がったという。八田が台湾で〝恩人〟、〝慈父〟と言われる理由がここにある。

著しく低下した日本の「台湾リテラシー」

私が通信社に入社し政治部へ配属された1972年に日中国交回復が実現し、「中華民国」(台湾)と締結していた日華平和条約は手のひらをかえすように破棄にされ、日台間の外交関係は断絶した。田中角栄首相と周恩来首相が北京で固く握手する場面がテレビで繰り返し放映され、日本は突然の日中ブームで沸き返った。ジャイアントパンダのランラン、カンカンも上野動物園へやって来て長蛇の列ができた。だが、明治大学の新井一二三教授によると、親日的な台湾で「もっとも激しい反日運動が起きたのは、終戦時ではなく1972年の国交断絶直後であった」という。

台湾は〝麗《うるわ》しの島〟と呼ばれる。台湾が世界地図に初めて描かれたのは１５４４年、ポルトガル人の発見によってであった。ポルトガル人の種子島上陸1年前のことである。日本が最初に足を踏み入れたのは豊臣秀吉の時代で、１５９３年に使者として赴いた長崎の貿易商・原田孫七郎だった。秀吉の意を受け日本との朝貢貿易を促そうとしたが、台湾側の交渉相手が見つからず失敗している。最初に台湾を占領したのはスペイン。次いでオランダで、台南市に安平古堡《あんぴんこほう》（旧称は熱蘭遮城＝ゼーランディア城）を１６２４年に建設、オランダ東インド会社による台湾統治の中心地として38年間支配した。

オランダの過酷な徴税に反抗して立ち上がったのが、日本人の母を持つ鄭成功《ていせいこう》（１６２４〜６２年）でオランダを撃破して追い出した。日本では近松門左衛門の人形浄瑠璃『国姓爺合戦《こくせんやかっせん》』が鄭成功をモデルにしたことで有名である。鄭成功は、中国本土で清を滅ぼし、明を復興するという「反清復明」を掲げて清に対し内乱を仕掛けたが敗れ、台湾に転戦しオランダ軍を破った。残念ながらその直後に鄭成功は熱病で死去したため、清はその後、台湾を２１２年間支配した。大望は果たせなかったが、鄭成功はオランダ軍の撃破によって辛亥革命の孫文、台湾の中華民国総統だった蔣介石と並ぶ「三人の国神」として台湾で尊敬されている。

それにしても、日台の国交断絶からすでに半世紀が経過している。新型コロナ禍前までは、台湾旅行は日本人に大人気のツアーだったが、それとは裏腹に日本人の台湾に対する歴史的認識度は著しく低下しているといえるだろう。日本は日清戦争の下関条約によって1895年から終戦まで台湾を51年間統治したが、そうした歴史には無関心で、しかも大国・中国との付き合いへの配慮から日本人の台湾に対する総合的なリテラシーは悲しいまでに落ちてしまった。台湾では「本省人」(土着の台湾人)と終戦後に中国大陸から乗り込んできた「外省人」を区別するが、日本の若い人たちはそういう歴史的な背景については関心がない。

台湾では2008年に国民党の馬英九総統が8年ぶりに政権を奪取して中国寄りの姿勢を強めたが、2014年に世界を驚かした「ひまわり運動」という民主化・反中国運動が起きた。馬政権が、中国とのサービス分野の貿易協定をゴリ押ししたことに反発した学生たちが、同年3~4月にかけて立法院(国会)を24日間も占拠した。しかも、数万人の市民が学生たちを取り囲んで、権力側の圧力から守り抜いた。中国が異様なまでに神経をとがらす中、日本の有識者の一部からは「ひまわり運動」を高く評価する論評がなされたが、〝日中友好〟を最優先するかなりのメディアが事態の深掘りを避けた。

〝国籍、民族〟を超えた八田

八田與一が日本でよく知られていないのは、こうした日本による半世紀近い台湾への〝そ知らぬふり〟と意識的な疎遠によるものなのだろう。嫌な話だが、2017年4月に八田與一の座像の頭部が切断されるという事件があった。犯人は「中華統一」を掲げる政治犯で自首したが、事態を憂慮した台南市は台湾最大の私立博物館である「奇美博物館」に保管されていた座像のレプリカを用いて修復した。振り返れば、八田の生きた時代は日本の台湾統治51年間の後半部分である「明」から「暗」への時代であった。しかし、八田が心血を注いだ烏山頭ダムは、「暗」の歴史を越えて、今でも日台関係の大きな絆として嘉南平野を潤し続けている。

日台の絆を結んだのは、八田だけではない。八田の大学の先輩で、台湾で23年間にわたり上下水道事業を手掛けた浜野弥四郎（1869～1932年）がいる。〝台湾水道の父〟と言われる人物で、浜野のおかげで台湾は日本より早い時期に上下水道の整備が進んだ。さらに、日本米を改良して台湾の「蓬萊米《ほうらいまい》」を完成させた農学者・磯永吉（1886～1972年）などの人たちがいるが、今その名を語る日本人はほとんどいない。

司馬遼太郎は、著書『台湾紀行』の中で八田與一について「ありがたいことに、故人（八田）は国籍、民族を超えた存在になった」と讃えた。司馬によれば、そうした国境を越えた歴史的人物には、古くは唐招提寺を創建した揚州の僧侶・鑑真（688～763年）、キリスト教を日本に布教したフランシスコ・ザビエル（1506～52年）、そして、日本の三大禅宗の一つである黄檗宗《おうばくしゅう》を開祖した福建省生まれの僧侶・隠元（1592～1673年）を挙げている。

8章 インド独立運動と日本

詩人タゴールが1924年にR・B・ボース家を訪れた
時のスナップ写真（中央がタゴール、左上がボース）
（出典：樋口哲子著『父ボース』、白水社）

「インドカリー」と亡命独立運動家ボース

「新宿中村屋」のインドカリー

日本が日露戦争に勝利すると、ロシアに痛めつけられていたトルコ、西欧列強に侵略され続けていた中国、さらには西欧の植民地だったインド、ベトナム、フィリピンなどのアジア諸国では、日本の予想外の勝利に歓声を上げて喝采した。それはアジア各国の独立運動や民族運動に大きな刺激を与え、中国、インド、ベトナムから重要な政治家が日本に亡命してきた。日清、日露両戦争に勝利し西欧列強国に伍するところまで国際的地位を高めた日本は、アジア諸国にとってはある種の〝希望の光〟であり、アジアの独立運動家たちの政治亡命に対しても、今日の日本よりもはるかに寛大であった。

そんな政治亡命者の中で特筆すべき人物は、中国の近代史上最大の政治事件である「辛亥《しんがい》革命」を起こした孫文《そんぶん》だが、インド独立運動家のラス・ビハリ・ボース（R・B・ボース、1886〜1945

年）を忘れてはならない。ベトナムの民族運動家ファン・ボイ・チャウ（1867～1940年）もいたが、戦前の日本で孫文とボースの二人の革命家を知らぬ者はいないと言われたくらいに有名な存在であった。中でも、亡命者でありながらインドカリーを伝えた人物として知られたR・B・ボースは近年、新たな関心を集めている。そのインドカリーとは、東京の「新宿中村屋」が1927年に商品化して大評判になった看板メニュー「純印度式カリー」であって、ボースが作り方と味を伝授したものだった。しかも、中村屋そのものは、ボースが1915年に日本に亡命したあと、日本政府が日英同盟の関係からボースに国外退去命令を出した時、巧みに逃亡して長期間潜伏した運命の場所であった。

このボースの存在については、東京工業大学の中島岳志教授が2005年に著した『中村屋のボース』で、「恋と革命の味」と言われるインドカリー伝授の歴史的なエピソードを絡めて、その時代背景にあった近代日本のアジア主義の実像を浮き彫りにしながら描いたことで広く知られるようになった。一般的に〝カレー〟は明治時代にインドではなくイギリス料理として日本に入り、カレー粉もイギリス人が考え出したものだといわれている。しかし、それはスパイス（香辛料）のきいた本場のインドカリーには程遠いもので、ボースはインドから香辛料を直接輸入し、中村

ラス・ビハリ・ボース
（提供：株式会社中村屋）

屋で販売しだした後もお店の厨房に入って味見を怠らなかったという。

創業者・相馬愛蔵と黒光

「新宿中村屋」の創業者の相馬愛蔵《そうまあいぞう》（1870〜1954年）とその妻である黒光《こっこう》（1876〜1955年）は実業家であるとともに様々なことに広く関心を持つ実に稀有なマルチ的な存在であって、明治から昭和の時代を奔放に生き抜いた夫婦であった。中村屋は、相馬家の知人だけでなく、ハンガリー帰りの日本人や在日のロシア人が寝泊まりする不可思議な場所であった。多国籍な外国人労働者が溢れる現在の新宿の原型ともいう交流空間であったと言えるだろう。相馬家の縁者がその暮らしぶりを見て、「相馬のうちはハウスがあってもホームがない」と評したほどの多様な人々の交流の場であった。

相馬愛蔵は信州（長野県）穂高の生まれで、東京専門学校（早稲田大学）を卒業後、クリスチャンになり郷里に戻って養蚕業を営みながら廃娼運動や禁酒運動に取り組む熱血漢だった。仙台生まれの妻黒光も幼少期にクリスチャンになり、フェリス和英女学校、明治女学校へ進学、女学生時代には小説を書いて周囲を騒がすような多感な女性であった。二人は1898年に東京で結婚し郷里で新婚生活を始めたが、安曇野での暮らしが合わなかった黒光が体調を崩したため、東京に出て商売で生計を立てることになった。

その時に始めたのが食パン製造であった。東京本郷の東大正門前のパン屋が店舗を売り出していたのをそのまま購入し、前経営者の名前を踏襲し「中村屋」として開業した。1901年のことで、「クリームパン」の発明で評判をとったパン屋であった。2014年には新宿の本店跡地に立派な商業ビル「新宿中村屋ビル」を堂々オープンしたが、120年近い老舗《しにせ》の発展には、インド独立に生涯をかけたR・B・ボースとの出会いがなければこれほどまでの歴史を刻むことはなかった。

インド独立運動家ボース

R・B・ボースはインドのガンジス川下流のベンガル地方の出身である。当時の英領インドの首都カルカッタ（現コルカタ）の近くで育ったが、政府系新聞の書記をしていた父親の仕事の関係で転々とした生活を送った。そんなボースに革命家精神が芽生えたのは、当時青年たちに愛読されていた書物『サラット・チャンドラ』に描かれたインド兵士の反乱に強い興味を抱いたからだという。

その後、ボースは1906年に独立運動急進派のリーダーと出会い、反英独立運動に参画する。初めは連絡役だったが、リーダーが離脱するとボースが急進派の中心的人物になった。ボースが起こした最初の大事件は、1912年12月に行われたデリー遷都記念パレードにおける英国のハーディング総督に爆弾を投げつけた爆殺未遂事件であった。総督は重傷を負い、ボースは逃亡した。その後は「森林研究所」の真面目な職員として勤務しながら、地下では過激な反英独立運動を展開し続けた。

しかし、1914年に英国側にボースの素性がばれ、多額の懸賞金がかけられるお尋ね者となった。まさに第1次世界大戦勃発の年で、地下活動をするボースら反英急進派はドイツの支援を得てインド人兵士の一斉蜂起を画策した。翌15年2月にインド北西部のラホール（現パキスタン）の兵営決起を計画したが、情報が洩れ失敗（ラホール衛兵反乱未遂事件）し亡命を余儀なくされた。英国は法外な懸賞金をかけ血眼になってボースを追った。

頭山満の支援

戦前から戦後にかけて、日本と関係が深かったベンガル州出身のインド人が三人いる。一人はR・B・ボースだが、もう一人はアジア人として初めてノーベル文学賞を受賞した詩人ラビンドラナート・タゴール（1861～1941年）で、戦前に五度日本を訪れている。三人目は、戦後、連合国によって行われた日本占領下における極東国際軍事裁判（「東京裁判」1946年5月～48年11月）で、連合国による裁判を「勝者の裁き」と批判したラダ・ビノード・パール判事（1886～1967年）である。三人には不思議なつながりがあった。

犯罪者として追い詰められたボースは1915年5月、詩人タゴールの再来日に便乗して、その関係者と偽り日本に亡命した。日本郵船の『讃岐丸』でカルカッタを出航したボースは弱冠29歳であった。そしてこの渡航を最後に、ボースは二度と祖国インドの地に足を踏み入れることはなかった。ボースは1915年6月に神戸に上陸すると東京在住のインド人独立運動家バグワーン・シンと連絡を取り東京市内を転々とした。しかし、日英同盟下にあった日本では英国の要請を受けた官憲の追及が厳しく、同年11月に居場所を突き止められ「5日以内の国外退去」を命じられる。日本を出国すれば、英国側に即座に逮捕されるのは歴然としていた。

この窮地を救ったのが、明治から昭和にかけて活躍したアジア主義者の巨頭である頭山満《とうやまみつる》（1855～1944年）であった。頭山は日本の国家主義運動の草分けである「玄洋社」の総帥であり、日本に亡命したアジアの民族主義者や独立運動家にとって「命の恩人」的な存在であった。ボースは国外退去期限の前夜、官憲が監視する中を赤坂・霊南坂の頭山邸に逃げ込み、その後、頭山が手はずしていた新宿の中村屋に隠れた。潜伏期間は3か月半に及んだが、身の危険が迫るボースはその後も6年間近く関東各地を転々として、引越しは17回にも及んだという。

身をひそめながら、ボースは日本に亡命中だった孫文と数度にわたって会談している。孫文を支援し続けた実業家・梅屋庄吉の紹介で孫文と会った独立運動家シンがボースを連れ

頭山満（出典：Wikipedia）

て箱根で孫文と会っている。ボースは孫文の革命家としての毅然とした姿勢に共鳴し非常に頼りにしたという。数度の面会は、梅屋庄吉との関係から、その後、東京日比谷の「松本楼」で行われた。「松本楼」は日比谷公園が開園した1903年に同時にオープンしたレストランで、カレーとコーヒーが当時のハイカラの象徴となった場所である。今でも行われている「100円カレー」の日にはたくさんの人が並ぶ。「松本楼」で会談した二人の革命家だが、ボースの亡命が頭山満に助けられたように、それに先立つ孫文の2度目の日本亡命の際にも霊南坂の頭山邸の隣家に孫文は匿《かくま》われている。二人には不思議な縁とつながりがあった。

中村屋の娘と結婚

ボースは潜伏先の中村屋では外部との接触を断ち、暗い部屋にこもり続けた。連絡役は、ボースを追っている官憲に知られないようにと相馬愛蔵の長女である俊子が務めた。そんな二人は1918年に結婚する。ボースの娘である樋口哲子さんの著書によると、結婚は頭山満が「男一人では何かと目立つ。二人を結婚させてはどうか」と提案したのがきっかけだった。俊子自身も相馬夫妻も大いに悩んだが、ボースの人間性とインド独立に賭ける信念から俊子は結婚を決意し、母親の黒光もそれを強く推した。

1918年に第1次世界大戦が終結すると、英国によるボース追及は終わり、ボースは1923

年に日本国籍を取得し帰化した。日本名は「防須」と表記したが、これは犬養毅《いぬかいつよし》（元首相）が命名したものであった。その年は関東大震災で東京が大混乱に陥ったが、被災したボースは原宿の隠田に自宅を構えるまでになった。翌年6月には自宅に詩人タゴールが訪れている。

しかし、妻・俊子は長い潜伏生活の中で、一男一女をもうけたものの体を壊し1925年に死去した。享年26歳という短い生涯であった。ボースは、葬儀の案内状の中で俊子との夫婦生活について「知恵と力に満ちた幸福の時で、永久に忘れることは出来ない」と記した。

日本の敗戦を察知しながら

R・B・ボースは亡命当初、孫文の影響もあって中国に対する日本の帝国主義的な姿勢に批判的であった。しかし、ボースはインド独立実現のため満州事変（1931年）の時には軌道修正して日本を擁護した。さらに、日本軍が1942年に英領シンガポールを陥落させ、東條内閣が「対インド声明」を発表すると、ボースはこれに呼応してインド同胞に向けた声明を発表した。そして同年6月には、バンコクで開催されたインド独立連盟の総会でボースは総裁に就任するとともに、インド国民軍（INA）の最高指揮官となった。

インド国内での独立運動家ボースの評価は、ガンジーの「非暴力・不服従」路線を逸脱した暴力革命を志向したうえに、日独両国と連携したことから厳しく批判された。祖国へ戻ることなく、日本から独立運動を展開したことで「日本軍の傀儡《かいらい》」との非難が噴出した。インド独立を主導したネルー首相は戦後もかなり長い間、ボースのことに言及することはなかった。

娘の哲子さんによると、ボースは太平洋戦争が始まった早い段階から日本の敗戦を察知していたという。前途が見通せない中で、全面支援してくれていた恩人・頭山満が1944年10月に死去すると、ボースは深い絶望の淵に立たされたという。

肺結核で体調を崩していたボースは、1943年6月にインド独立連名総裁とインド国民軍最高司令官の座を、ドイツ・ナチスに庇護されていた〝もう一人のボース〟であるスバス・チャンドラ・ボース（1897～1945年）にバトンタッチしていた。病床のボースは米軍機による東京空襲が激化する中で、娘の哲子さんに「平凡に暮らせよ」と死を覚悟したように言い残したという。そして1945年1月に脳内出血を起こし回復しないまま死去した。58歳の道半ばの死であった。本葬は同月末、東京・芝の増上寺で執り行われ、広田弘毅《ひろたこうき》元首相が葬儀委員長を務めた。

パール判事の哀悼

インドが晴れて独立したのは1947年である。哲子さんは著書の中で「父もあと数年生きていれば、インドの独立を知ることができたわけですが、一方で終戦直後に戦犯容疑者として巣鴨プリズンに入れられていたでしょう」と複雑な想いを述べている。

しかし、同じベンガル地方出身で、「東京裁判」を批判したパール判事は1953年に来日した際、東京・多摩霊園のボースの墓に参り菊の花束を手向《たむ》けた。そして、中村屋の相馬黒光を訪ね、「天涯に頼るものとてないインドの亡命青年をかくまってくださったのみか、あたたかい家庭まで与えてくださったあなた方に私は全インド人に代わってお礼を申しあげます」と頭を下げた。パール判事の「全インド人に代わって」という哀悼の言葉には忘れてはならない歴史の重みがある。非難を覚悟で異国日本からインド独立に全身全霊を捧げたラス・ビハリ・ボース。漫然とした平和の中で能天気な日常を過ごしているような日本において、異郷の地から波乱に満ちた独立運動に生涯をかけた壮絶な生き方に想いを寄せるのは容易ではない。

〝もう一人のボース〟とインパール作戦

悲運のチャンドラ・ボース

「中村屋のボース」として知られたインドの革命家ラス・ビハリ・ボース（R・B・ボース）が晩年に、インド独立運動のバトンを託した〝もう一人のボース〟がいる。スバス・チャンドラ・ボース（1897～1945年）である。180センチを超える巨体に烈々たる闘志をみなぎらせ「ネタージ（指導者）」と呼ばれたインド独立運動の急進派リーダーであった。チャンドラ・ボースは第2次世界大戦下で、日本軍が壊滅的な敗北を喫したインド北東部における「インパール作戦」に参戦し苦杯をなめながらも、日本との連携を絶やさず終戦まで反英・インド独立運動を貫いた。だが、まさに終戦の翌日、チャンドラ・ボースは中国へのさらなる亡命を画策し旅立とうとするその途中、台湾での軍用連絡機の墜落事故で死亡した。悲運のインド独立運動家の最後であった。

第2次世界大戦におけるビルマとインドの国境地帯で行われた「インパール作戦」（1944年3～

7月）は、日本軍の惨憺たる敗北の象徴の一つとなっている。日本軍の組織論的研究の名著『失敗の本質』は大東亜戦争の失敗作戦として、このインパール作戦を含め「ノモンハン事件」（1939年）、「ミッドウェー海戦」（1942年）、「ガダルカナルの戦い」（同年）、「レイテ作戦」（1944年）、「沖縄戦」（1945年）の6例を挙げている。その中で、戦略的合理性を欠いたインパール作戦は「しなくてもよい作戦を敢行した〝賭け〟の失敗であった」と断定している。

なぜ、チャンドラ・ボースはそんな杜撰《ずさん》な、今では〝史上最悪の作戦〟と言われるインパール作戦に深く関与していったのであろうか。ボースは日本軍が雨季の密林を敗走する中、配下のインド兵に「インド国民軍（INA）は作戦を続行する」と鼓舞し続けた。それは、決して負け犬の遠吠えではなかった。インド独立に生涯を捧げた〝二人のボース〟が作り上げたインド国民軍の存在こそが、独立への導火線となった。令和元年は奇しくもインパール作戦から75年目にあたった。

日本へ接近した理由

チャンドラ・ボースは1897年にベンガル州の商業都市カタックに生まれた。カルカッタ大学を卒業後、英国のケンブリッジ大学院に留学した俊才であった。19世紀前半の国際的な反動体制「ウィーン体制」を作り上げたオーストラリアの宰相メッテルニッヒに心酔していた。弁護士であった父親の影響もあって、独立運動では〝インド独立の父〟であるマハトマ・ガンジーが主導した「反英非協力運動」に参画したが、現実の国際政治の場で理想主義では通用しないとして、最終的にはガンジーの「非暴力・不服従主義」に反対した。

チャンドラ・ボースは1930年にカルカッタ市長に選出されるが、英国植民地政府から「反英・独立派」と指弾され免職させられた。しかし、即時独立を要求するインド国民会議の急進的なリーダーとして活動し、1938年には国民会議議長に選出されている。翌39年9月に欧州で第2次世界大戦が勃発すると、ボースは再び反英運動と治安妨害を理由に英国の官憲に逮捕されてしまう。コルタカの自宅に軟禁されていたボースはハンガーストライキを行い、体力衰弱を理由に仮釈放されると、1941年4月にドイツ・ベルリンに亡命した。ヒトラー総統と会談しインド独立の支援を引き出そうという狙いだった。しかし、ヒトラー総統は「対英和解」の道を残そうとしていたため、インド独立運動には理解を示さなかった。ボースはイタリアのムッソリーニ政権への接近を試みるが不発に終わっている。ただし、ヒトラーはボースのためにベルリン市内に広大な邸宅を与え保護した。

なぜ、チャンドラ・ボースはドイツから日本へ拠点を移し替えたのであろうか。きっかけは、太平洋戦争開始の1941年12月8日に真珠湾攻撃と同時に行われたマレー半島とシンガポール占領のための「マレー作戦」の日本軍の勝利だった。翌42年2月には、難攻不落と言われたシンガポールの要塞を撃破し、英国軍は降伏した。チャーチル英首相は自著で「シンガポール陥落は英国軍の歴史上、最悪の惨事、最大の降伏」と酷評した。

日本にいた「中村屋のボース」であるR・B・ボースは日本軍勝利の流れの中で、同年6月、バンコクにおける会議で「インド独立連盟」を設立し、その総裁に就任するとともに、「インド国民軍」（INA）の最高指揮官に就いた。INAは、マレーやシンガポールの戦闘で日本軍の捕虜となった英印軍将兵の中から志願者を募って編制した反英・インド独立の軍隊組織であった。しかし、INA内では独立優先か日本との協力優先かで対立が表面化。さらに就任したばかりのR・B・ボース自身が肺結核で体調を崩してしまう。その後任として白羽の矢が立ったのが、ベルリンにいたチャンドラ・ボースであった。

日独両国の秘密作戦によって、チャンドラ・ボースはドイツ潜水艦「Uボート」でマダガスカル島に向かい、そこで日本の潜水艦「伊号」に乗り換えスマトラ島に上陸、日本軍航空機で1943年5月、忽然と日本に姿を現した。日本で合流した〝二人のボース〟は同年5月に、当時の東條英機首相と会談すると、それまでインド独立運動には消極的だった東條首相がチャンドラ・ボースにほれ込み、翌6月には衆議院に招き、ボースの前で対インド支援の大演説を行った。インド独立連盟総裁とインド国民軍最高指揮官のポストも、病身のR・B・ボースからチャンドラ・ボースに引き継がれた。

実権を握ったチャンドラ・ボースは翌7月シンガポールで、自ら総裁を務めるインド独立連盟の会合において「自由インド仮政府」樹立の決議宣言を行い、その首席（首相）に就いた。ボースはシンガポール市庁舎前広場で約1万5000人のINA将兵を閲兵した。その合言葉は「チニロ・デリー（デリーへ）」であった。

インパール作戦の悲惨

しかし、ボースの期待は大きく裏切られる。ボースは1944年1月、日本軍が急激に劣勢となる中、インド国民軍の本拠地をビルマ（現ミャンマー）のラングーンに移し、日本のビルマ方面司令官・河辺正三中将と会談し、インパール作戦へのINA第一師団の派遣を決める。既に触れたように、作戦開始から1か月間も経たないうちに劣勢になり、英軍空挺団の爆撃で後方支援を遮断され、日本軍は制空権のない戦場で軽武装のまま総崩れしていった。インパールの攻撃目標地点に到達できた日本兵は一人もいなかった。

戦時中、「ジャワは極楽、ビルマは地獄、生きて帰れぬニューギニア」と言われたそうだ。日本軍がインド北東部の英軍基地インパールへの奇襲作戦を開始したのは1944年3月である。急速に悪化する南方戦局を打開するため、日本軍の拠点ビルマを英印軍から防衛することが目的であった。同時に、ビルマの独立を支援し、チャンドラ・ボースによる反英・インド独立運動を側面支援する狙いがあった。

しかし約４か月続いた戦闘は日本軍の完全な敗北に終わり、参加兵力約10万人のうち推定で約３万人が戦死し、生き残ったうちの４万人が傷病者という多大な犠牲を払った。作戦は「鵯《ひよどり》越《ごえ》戦法」と言われた過酷な山岳地帯での短期決戦だったため、十分な装備も補給もないまま突っ込んでいった日本軍は、英印連合軍の反撃に遇い猛烈な雨季の密林の中で病魔と飢えから次々と斃《たお》れていった。生き残った将兵も疲労困憊し、傷病者を搬送する気力も術《すべ》もなかった。ジャングルの沿道には行き斃れの将兵の死体が累々と連なり、やがてその道は「白骨街道」と呼ばれるようになった。

インド・ビルマ（ミャンマー）国境図

杉並の「蓮光寺」に眠る遺骨

インド独立の悲願は日本軍の惨敗で風前の灯となったが、ＩＮＡは日本軍が撤退しても作戦を継続し、チャンドラ・ボースは「祖国独立を闘い取る革命軍の進撃は、全滅しても止むことはない」と将兵を鼓舞し続けた。だが、不屈の闘士チャンドラ・ボースを非運が襲う。１９４５年８月15日に日本が降伏すると、ボースは中国共産党が支配する延安に「自由インド仮政府」を移すことを計画、翌16日に台湾の松山飛行場から日本経由の大連行き軍用連絡機に乗り込んだ。しかし、離陸直後に三つのプロペラのうちの一つが破損し、機体は墜落して炎上、ボースは大やけどを負い台北陸軍病院に運び込まれたが約6時間後に死亡した。

実はこの時、日本側が死亡証明書を作成するにあたって、機密保持の観点から、本名は好ましくないとして日本名で死亡届を提出するという姑息な事故処理をした。このため、戦後のかなり長い間、ボースの〝謀殺説〟など様々な憶測が流れ、インドでは「ボースはまだ生きている」と主張する声がいつまでも続いた。

憶測や風説が絶えないボースの死について、インド政府は過去3回にわたり公式調査を実施、2006年調査では事故の有無やボースの遺骨が本物かどうかなどについて確認できないとの報告書を提出した。しかし、2017年の情報公開要求に対し、インド政府は「ボースは1945年8月16日に飛行機事故のため死去した」と公表し、くすぶり続けていた〝生存説〟に終止符を打った。日本側も2016年秋に、外務省の外交資料館（東京・港区）に保管されていたボース関連の機密文書を公開した。

しかし、チャンドラ・ボースの遺骨は現在でも東京杉並区の蓮光寺に保管されたままとなっている。その経緯は次のようなことである。ボースの遺体は台北市営火葬場で荼毘《だび》に付された後、同市内の西本願寺で葬儀が行われた。その後、日本軍関係者が1945年9月初め、遺骨と遺品を日本に持ち帰り、東京・神田にあった「自由インド仮政府」の東京代表部に届けた。それから1週間後、在日インド人が遺骨を持って蓮光寺を訪れ、その日のうちに葬儀を済ませた。葬儀には、R・B・ボースゆかりの「新宿中村屋」のお菓子が添えられたという。

その日以来、ボースの遺骨は蓮光寺に眠っている。命日には法要が行われ、関係者によって手厚く供養され続けているという。1990年には、旧日本軍の元軍人らがボースの胸像を建立した。蓮光寺にはネルー首相やインディラ・ガンジー首相らが訪れ、献花をした。本国インドでも1987年、ガンジーやネルーの肖像画が掲げられている国会議事堂の大ホールにチャンドラ・ボースの肖像画も掲げられ、その功績が高く顕彰されている。

東京都杉並区・蓮光寺のチャンドラ・ボース碑（筆者撮影）

インド独立を30年早めた日本

「中村屋」のR・B・ボースとその跡を継いだチャンドラ・ボースという、インド独立運動に生涯を捧げた〝二人のボース〟はともに悲願のインド独立を見ることなく終戦前後に相次いで亡くなった。だが、彼らが立ち上げた「インド国民軍」(INA)の存在こそ、1947年のインド独立実現の決定的な導火線となった。それは英国の植民地支配に対するインド農民による「セポイの反乱」(1857~58年)から90年遅れのことだった。

戦勝国の英国が終戦直後に採った方針は、二人のボースが率いた「インド国民軍」の将兵約1万9500人を軍事裁判で厳罰に処し、英国の威信を回復し植民地支配を継続することだった。しかし、戦前ボースと対立していたガンジー、ネルーらの「インド国民会議派」は1945年9月、「INAの将兵はインド独立のために戦った愛国者である」として即時釈放を決議する。これに対し、英国植民地政府は同年11月、見せしめ的にINA将兵3人に無期流刑の判決を下した。するとインド国民は反発し、カルカッタから始まったゼネストは全国に広がり、数百人の死傷者が出る緊急事態となった。さらに、植民地政府が翌46年2月に第2回軍事裁判でINA憲兵少佐に7年の有罪判決を言い渡すと、インド海軍の乗組員がボンベイ、カラチ、カルカッタで一斉に反乱を起こした。大英帝国の凋落は決定的だった。英国のアトリー政権は1947年8月15日にインドに統治権を完全移譲することを決定、インドは正式に独立した。

インド国内には、日印連合軍によるインパール作戦こそが〝対英独立戦争〟につながったと評価する見方があるという。それは、異郷の地ビルマで日本軍とともに戦い続けたチャンドラ・ボースの功績であり、アジア民族解放に暗躍した有名な「F機関」の特務機関長・藤原岩市が自戒を込めて回想したように、インド独立を30年早めたのは日本であったのかもしれない。

英国の歴史家アーノルド・トインビーは１９５６年10月28日付の『オブザーバー』紙で、「第２次世界大戦で、日本人は日本のためというよりも、むしろ戦争によって利益を得た国々のために、偉大な歴史を残したといわなければならない」と日本の起こした戦争がアジアの解放に寄与したことを認めた。そのうえで、「日本人が歴史上残した業績の意義は、西洋人以外の人類の面前において、アジアとアフリカを支配してきた西洋人が、過去２００年の間考えられてきたような〝不死の半神〟でないことを明らかにした点にある」と指摘した。

9章 感染症対策とドイツ留学

2024年度前半発行される新千円札のモデルとなった北里柴三郎（出典：財務省ホームページ）

細菌学者・北里柴三郎の栄光と苦節

「伝染病予防法」の生みの親

新型コロナウイルス感染症（COVID-19）のパンデミックが世界を揺るがしているが、つい最近まで日本は感染症対策において世界のリーダー国であった。１９９８年の英国バーミンガムにおける主要国首脳会議（サミット）で、橋本龍太郎首相が「国際寄生虫対策」を提唱し、２０００年の九州沖縄サミットでは小渕恵三首相が「沖縄感染症対策イニシアチブ」を主導し、5年間で世界保健機関（ＷＨＯ）などへ30億ドルを拠出した。「つい最近まで」と評したのは、新型コロナウイルス対策をめぐる日本の対応では、初動の遅れ、ＰＣＲ（ポリメラーゼ連鎖反応）検査体制の不備など感染症対策のリーダー国としての存在感を発揮できていないからである。

世界三大感染症とは、結核、マラリア、エイズ（後天性免疫不全症候群）を指し、三大感染症だけで毎年約１００万人が死亡している。エイズの最初の患者確認は１９８１年で、現在確認から約40年を経過している。しかも、新たなウイルスや病原体はエボラ出血熱や新型インフルエンザなど過去50年間に300以上も確認されている。若干古い記録だが、2013年のすべての感染症による死者数は全世界で920万人に上り世界の全死者数の17%を占めた。この驚くべき数値こそ、医学の歴史が「感染症対策の歴史」といわれる由縁となっている。

今回の新型コロナウイルス感染はかなりの長期化が避けられない様相になっている。パンデミックの収束とは、感染症を公衆衛生上の脅威のないレベルまで抑え込むことだが、今回は「ウィズコロナ」と評されるように、人類とコロナウイルスの長い「共存」が避けられない状況だ。深刻な経済危機が表面化する中、コロナウイルスの「制圧」や「根絶」は当分望むべくもない。実際、人類が歴史上根絶した感染症はただ一つしかない。天然痘だけである。

日本の近代医学の父といわれ、伝染病（感染症）の防疫体制の基礎を作ったひとりが北里柴三郎《きたさとしばさぶろう》（1853〜1931年）である。明治時代にドイツの細菌学者ロベルト・コッホ（1843〜1910年）のもとに留学し、破傷風菌の純粋培養に成功したのを皮切りに、帰国後にはペスト菌を発見した。さらに、北里は「伝染病研究所」を設立するとともに日本医師会を立ち上げるなど日本の近代医療の土台作りに貢献した。

北里柴三郎
（出典：Wikipedia）

実は、感染症対策の基になっている法律は、〝黒死病〟といわれるペストの怖さを知り尽くした北里が、1897（明治30）年に当時の内務省衛生局長であった後藤新平とともに法制化し「伝染病予防法」として成立させたものである。しかも、この法律は1998年に「感染症法」が制定され翌年に廃止されるまで実に102年間も北里時代のまま継続されてきたのだった。

北里の最大の功績は世界に誇るペスト菌の発見である。だが、日本の医師の中では、黄熱病研究のためにアフリカで死んだ野口英世（1876〜1928年）の方が圧倒的な人気がある。極貧と手の重度のやけどというハンディキャップを背負った野口の立身出世の伝記は戦前から多くの子どもたちに大きな影響を与えてきた。しかし、野口の実像は優れた細菌学者であるのとは裏腹に、小説家・渡辺淳一の伝記小説『遠き落日』（1979年）が描いたように浪費癖、女遊び、大言壮語など毀誉褒貶《きよほうへん》に満ちた人物だった。そんな野口にチャンスを与え細菌学の手ほどきをし、愛弟子の一人としたのが北里柴三郎であった。派手な行動で「世界のノグチ」になったのに対し、北里は華々しい実績によって「世界のキタザト」になった。

内務省衛生局からドイツ留学

北里柴三郎は1852年に肥後国阿蘇郡北里村（現熊本県阿蘇郡小国町）の総庄屋の名家に生まれた。熊本の古城《ふるしろ》医学校（熊本医学校）を経て東京医学校（東京帝国大学医科大学）に入学した。古城医学校からは、日本産婦人科学の始祖の浜田玄達、東京帝国大学医科大学の衛生学初代教授の緒方正規《おがたまさのり》を輩出している。北里は1883年に東大を30歳で卒業したが、2期先輩に文豪の森鴎外（森林太郎、1862～1922年）がいた。森はドイツ留学組の先輩だが年齢はほぼ10歳下で、二人は日清、日露両戦争で日本軍を苦しめた脚気《かっけ》の原因論をめぐり対立し犬猿の仲となった。

北里は東大卒業後、内務省衛生局に入省する。その2年後の1885年には、念願のドイツへ留学しベルリン大学のコッホ研究所に入った。1889年には世界で初めて破傷風菌の純粋培養に成功した。東大時代に培った実験の精密さに加え、実験器具の創案に優れていたことが偉業に結び付いた。翌年には、同僚のドイツ人医師ベーリング（1854～1917年）とジフテリアの免疫血清療法を開発した。この功績で、ベーリングは1901年の第1回ノーベル賞生理学・医学賞を受賞したが、北里も候補に推薦されながら受賞を逃した。その経緯については後述する。

北里はドイツで外国人として初めてプロフェッサーの称号を授与され、世界的に著名な細菌学者として1892年に帰国した。北里は欧米各国の研究所や大学の招きを断り6年半ぶりに帰国したのは日本の医療体制の改革と伝染病対策の強化が目的だった。しかし、北里に対する日本国内の風当たりは予想以上に強かった。背景には、「脚気論争」をめぐる東大医科大学（現東大医学部）の先輩らとの確執、さらには陸軍と海軍の対立、内務省と文部省の縄張り争いに否応なく巻き込まれたからだった。凱旋帰国ではなく冷たい出迎えに、剛健な「肥後もっこす」（きかん気の強い）だった北里は、東大に戻らず民間の伝染病研究所設立に動いた。

香港でのペスト菌発見

北里柴三郎の最大の功績は1894年のペスト菌の発見である。中国の雲南省の南部山岳地帯で流行していたペスト菌が同年4月には香港へ広がった。このペスト流行を防疫するため、日本政府は6月に伝染病研究所の北里と東大医学部の青山胤通《あおやまたねみち》（1859～1917年）を香港に派遣した。フランスも少し遅れてベトナム・サイゴンにあったパスツール研究所の研究員アレクサンドル・イェルサン（1863～1943年）を香港に送り込んだ。

現地調査では、青山がペスト患者の解剖を担当し、北里が臓器の標本を作成し顕微鏡で検査した。北里は調査開始から数日後の6月18日にペスト菌を発見したと発表、イェルサンも少し遅れて同様の発見発表を行った。この世界的なニュースにコッホ博士も二人のペスト菌発見を追認した。だが、日本調査団では、解剖担当の青山がペストに罹患し死線をさ迷った。「青山危篤」（のち回復）の第一報を青山夫人に伝えたのは友人の森林太郎陸軍軍医だった。「脚気論争」で北里に打ち負かされていた森は、ペスト菌発見が北里だけの功績とされることに強い不快感を露わにしたという。ペスト菌発見と言っても、流行を阻止できたわけではなく、1898年から10年間、インドでペストが猛威を振るい約600万人が死亡した。その後、1940年にワクチンが開発され抗生物質の投与が行われ始めるまでの致死率は60％に達した。

日本調査団内の対立のしこりは、国際的なペスト菌発見者の認定でも尾を引いた。イェルサンにはフランスはもちろん海外の医師らが支持を表明したが、北里には日本国内からの支持表明はなかった。その結果、医学史的にペスト菌発見はイェルサンとして定着した。しかし、この過ちが修正されたのは100年後の1994年の国際学会で、北里柴三郎とイェルサンの二人が発見者だと正式に認められた。さらに言えば、1901年の第1回ノーベル賞生理学・医学賞の選定の際、北里はペスト菌発見と破傷風研究で候補に推薦されたが、受賞したのはコッホ研究所でジフテリアの免疫血清療法を共同研究していたベーリングであった。彼には4人の研究者の推薦があったが、北里の推薦はポーランド研究者一人だけで、日本からの推薦はなかった。東大医学部内の確執の根深さが浮き彫りになった。

脚気論争で森鴎外と対立

森鴎外の〝北里嫌い〟の原因は、日清、日露両戦争で日本軍を苦しめた「脚気」病原論争にあった。明治時代、まだビタミンの存在は知られておらず、「江戸患《わずら》い」といわれた原因不明の恐ろしい病気で、明治天皇も脚気に苦しんでいたといわれる。日清戦争では兵士の脚気患者数は4万1000人で、うち約4000人が脚気で死んだ。日露戦争では、兵士25万人がかかり、約2万800

0人が死んでいる。陸軍軍医だった森鴎外がドイツへ留学した主たる目的は脚気をめぐる「兵食」研究であった。陸軍は、脚気を「細菌が原因」と主張した。オランダの細菌学者ペーケルハーリングが1885年に脚気の病原菌を発見したと発表し、北里と同郷の緒方正規東大教授も脚気菌を発見したと発表していたからだ。しかし、実際は脚気菌は存在しない。にもかかわらず、陸軍は脚気細菌説に固執し、脚気にかかるのは湿気の多い日本の住居のせいだと主張した。しかし、海軍は「栄養不良説」を主張した。軍艦『筑波』で水兵の食事についてフィールド調査を行い、栄養不足説を裏付けていたからだ。

　こうした陸海両軍の「脚気論争」にとどめを刺したのがドイツ留学中の北里の論文であった。北里はコッホ研究所の高弟であったレフレルから「たとえ恩師の説であっても科学では誤りを指摘しなければならない」と諭され、緒方の「脚気細菌説」批判の論文を発表し、森ら陸軍の主張を真っ向から否定した。森からすれば東大の先輩に盾つく〝造反後輩〟と感じたに違いない。森は1908年には陸軍軍医総監の最高位に上り詰めたが、死ぬまで「栄養不良説」を認めようとはしなかった。その固執ぶりについて、評伝『北里柴三郎：熱と誠があれば』（ミネルヴァ書房）を書いた福田眞人・名古屋大学名誉教授は、「森は陸軍の枠組みからはみ出すことなく栄達を遂げたが、医学の世界では負け組に属した」と記した。

「伝染病研究所」設立の受難

帰国後の北里が受けた冷遇は、官職を得て留学をしながら留学先で東大の先輩や陸軍批判をしたことへのしっぺ返しだったといえよう。この苦境下で、北里に手を差し伸べたのが、内務省入省時の初代衛生局長だった長与専斎《ながよせんさい》（1838〜1902年）であった。長与は大阪の緒方洪庵の「適塾」でともに学んだ福沢諭吉に相談すると、福沢は優れた学者を「無為に置くのは国辱」として私財を投じて東京市芝区・芝公園に北里のための小さな研究所を建設、昵懇《じっこん》だった企業家で篤志家であった森村市左衛門に多額の寄付を依頼し研究機器を揃えさせた。こうして、北里柴三郎の「伝染病研究所」は1892年に設立された。余談だが、現ノリタケカンパニーや衛生陶器の「東洋陶器」など世界的メーカーの基盤を作った森村市左衛門は、師と仰ぐ福沢の要請には常に応じ、北里の「伝染病研究所」立ち上げの財政的支援を積極的に行った。森村は死後（1919年）、学術的解剖のために「伝染病研究所」の後身である「北里研究所」に自分の遺体を託している。

しかし、文部省と東大医学部は北里の伝染病研究所の創設に反発した。研究所のスタート直後から文部省は新しい国立伝染病研究所と付属病室の建設に動き出した。すさまじい縄張り争いであり省益運動であった。さらに、北里の研究所は設立2年後の1894年に規模を拡大し内務省の用地である芝区愛宕町に移転したが、この時住民らの猛烈な移転反対運動の先頭に立った一人は東大初代総長の渡辺洪基《わたなべひろもと》であった。こうした動きに危機感を抱いた福沢諭吉は自身が創刊した『時事新報』で北里擁護の論陣を展開した。最終的には後藤新平衛生局長が動いて移転を実現、民間で苦労が絶えなかった北里の「伝染病研究所」は1899年に晴れて内務省所管の国立研究機関となった。

反転、「北里研究所」設立へ

しかし、「文部省・東大医学部」と「内務省・伝染研究所」の熾烈な主導権争いはここで終わらなかった。文部省・東大医学部サイドは新たな対抗措置を仕掛けるが、その中心人物は、ペスト調査で北里とともに香港に派遣された青山胤通だった。東大医科大学を首席で卒業、東京医科大学長まで上り詰めた秀才で日本の内科学を確立した人物である。明治天皇の主治医だった。青山は北里の実力と人気を認め、東大医学部へ復帰させることを考えていたが、北里は応じなかった。その結果、長い攻防と水面下の駆け引きの末、1914年に「伝染病研究所」は政治的な理由で内務省から文部省に移管された。北里の敗北である。この裏には、当時の大隈重信首相と青山の密議があったと噂され、「大隈は北里を毒殺せるもの」との風評が立った。青山は大隈首相の主治医であった。

これに反発した北里柴三郎は、伝染病研究所所長を辞任するとともに、私費を投じて1914年1月に「北里研究所」を設立した。赤痢菌発見の志賀潔、梅毒療法のサルバルサンを開発した秦佐《はたさ》八郎《はちろう》ら優秀な研究員全員が辞任し、北里研究所に移籍した。その忠義心から巷では研究員を「赤穂義士」に称えたりした。

大隈内閣が伝染病研究所の所管移転を断行したのは、内閣が掲げた行政整理（改革）と「文教統一」という大義名分のためだった。文教統一とは、文部省が教育と研究をすべて統括することであった。同時に、その裏には、実務を取り仕切る府県の衛生課長の大部分が北里研究所の門下生であり、開業医も衛生課との密接な関係から大半が〝北里派〟で占められていたという実情があった。まさに、権限、利権をめぐる縄張り争いであり、「省益優先」の悪しき官庁体質が浮かびあがる。

翻って、新型コロナウイルス対応の過程でも、検査をめぐる保健所対応の悪さ、民間医療機関との連携不足などを見るにつけ、官僚機構の機能不全を思わざるを得ない。２００1年の橋本行政改革で厚生省と労働省を合併して誕生した巨大官庁「厚生労働省」は、迅速さを欠いた責任回避的な対応で国民の期待を裏切った。少子高齢化社会における年金・福祉対策に医療・防疫対策、さらに経済低迷下での雇用確保という大きな課題を多数抱え、既に一省庁、一大臣で捌《さば》ききれる状態ではない。コロナ禍での「新しい生活様式」に対応し、国民の生活と雇用を守る大きなセーフティネット的官庁への再編、分割をする必要があるのではないだろうか。

後藤新平、科学的調査が裏付けた〝構想力〟

再評価される帰還兵の検疫

新型コロナウイルスの感染拡大で、明治・大正時代における〝構想力〟の政治家・後藤新平（1857～1929年）が改めて見直されている。東日本大震災後にも関東大震災復興の指導者として再評価されたが、今回は日清戦争後の帰還兵の検疫や社会政策への意識の高さについてである。新型コロナ禍の中で大量・一斉のワクチン接種が大きな課題となっているが、日清戦争後の喫緊の課題は帰還兵の大規模なコレラ検疫であった。短期間でそれを完遂させたのが当時内務省衛生局官僚だった後藤新平であった。戦争当時、中国ではコレラが流行しており、明治政府は帰還兵の検疫のため1895年3月に臨時陸軍検疫部を発足させた。大阪、広島、山口1府2県の離島に臨時検疫所を設け、感染症の検疫を徹底した。

同検疫部の部長は陸軍次官の児玉源太郎《こだまげんたろう》（1852～1906年）で、後藤新平は事務官長として八面六臂の活躍をした。児玉と後藤は、のちに児玉が第4代台湾総督になると後藤が同総督府民政長官として植民地政策で大きな実績を残すなど二人は最強のコンビであった。検疫は3か月間で船舶687隻（合計113万5000トン）、帰還兵23万2000人に上り、この間に感染の疑いのある兵士約4万人を船内に留め置き、約700人のコレラ患者を発見した。広大な臨時検疫施設3か所の建設は約2か月の突貫工事で実現したが、後藤新平の陣頭指揮は、戦国時代に木下藤吉郎（豊臣秀吉）が短期間で長良川西岸に造り上げた「墨俣《すのまた》一夜城」の築城に例えられた。

後藤新平の多岐にわたる業績は、大きく四つに分けられる。まずは台湾総督府民政長官と南満州鉄道株式会社（満鉄）初代総裁時代の科学的な「植民地経営」であり、二つ目は鉄道院総裁として基幹インフラ「国鉄」を発展させたこと、三つ目は東京市長、内相、帝都復興院総裁として東京市大改造計画や関東大震災復興に尽力したことだと言える。もう一つは、外交における持論である「日中露提携」の展開と工作だが、これは必ずしも十分な成果を上げずに終わった。ただし、北岡伸一東大名誉教授は著書『後藤新平　外交とヴィジョン』（中央公論社）の中で、「後藤は日ソ国交回復の端緒を作った」と評価した。

東京市改革では〝大風呂敷〟と揶揄《やゆ》された後藤新平だが、

後藤新平（出典：Wikipedia）

壮大な構想力と他の追随を許さぬ行動力の背景には、科学的な調査の徹底とデータを駆使した経営管理があった。戦後政治において構想力で後藤新平と比肩されるのは、『日本列島改造論』の田中角栄元首相だが、「政治と科学」の関連性を大きなスケールの中で具現化しようとした政治家は後藤以外にほとんど見当たらない。

英傑を輩出した岩手県水沢

後藤新平は岩手県水沢（現奥州市）の出身である。水沢は英傑を生み出した土地柄で、「水沢三先人」と呼ばれる歴史的人物がいる。一人は後藤新平だが、後藤の本家筋の親戚にあたる江戸時代の蘭学者・医者の高野長英（1804～50年）、そして二・二六事件で暗殺された後藤の幼馴染の斎藤実《まこと》首相（1858～1936年）が「三先人」である。岩手県出身者の首相としては、戦前では斎藤のほか初の平民宰相・原敬、連合艦隊司令官の米内光政、戦後では鈴木善幸の4人がいる。明治時代から過去約150年の歴史の中で、最も多く首相を輩出したのは安倍晋三前首相などの山口県（8人）で、次が東京都（5人）。岩手県は群馬県と並んで3番目（4人）となっている。さらに言えば、自民党副総裁だった椎名悦三郎も後藤の親戚であり、直近では水沢出身の剛腕政治家・小沢一郎がいる。

後藤新平の父・実崇《さねたか》は旧水沢藩士で寺子屋を開いていた学問・学芸に通じた人物で、母・利恵も藩医坂野家出身の聡明闊達な女性であった。幼少の新平は相当な腕白だったが、漢学者の塾に託されたことで学問好きの俊英へと変じていった。このころ、新平が高野長英の縁続きだったことから喧嘩相手に「謀反人の子」とののしられ、江戸幕府の異国船打払い令を批判し開国論の主張で弾圧された高野長英のことを知り大きな影響を受けた。1869年の廃藩置県で胆沢県（岩手県）の県庁が水沢に置かれ、小間使いとして県庁に出入りしていた後藤は、ナンバー2の大参事・安場保和《やすばやすかず》（1853～99年）に才能を見出され、医学の道に進んだ。安場は幕末の戦略家・横井小楠《よこいしょうなん》門下の四天王の一人である。後藤は後年、安場の次女・和子と結婚した。

後藤は安場の教えに従って福島の須賀川医学校を卒業して、「福島県立病院医学所」に入った。須賀川医学所は最古の地方近代医学校の一つで、当時東北地方にあったただ一つの医学校であった。その後、後藤は愛知県の病院に移るとめきめき頭角を現し、1881年に24歳で愛知医学校長兼病院長に出世する。この時に遭遇した事件が、後藤を医学から政治の舞台に押し上げた。それは、自由民権運動家の板垣退助（1837～1919年）が1882年4月に岐阜市内の立ち合い演説会で暴漢に襲われた事件である。この時、名古屋から急遽派遣され手当てしたのが愛知病院長の後藤であった。「板垣死すとも、自由は死せず」という言葉で有名になったが、発言はジャーナリストの修辞によるもので、板垣の傷も比較的浅かった。しかし、これがきっかけで後藤は「人の脈をとるより国家の脈をとろう」と政界に出たと言われた。

ドイツ留学と北里柴三郎

やがて内務省に出向した後藤は1890年に自費でドイツに留学をする。内務省在官のままでの私費留学だが、東京帝国大学医学部が頂点に君臨する医学界において、ドイツ留学は後藤の負けじ魂に火をつけ、近代細菌学の開祖と言われるロベルト・コッホ博士に細菌学を学び、最先端の衛生政策を習得した。須賀川医学校出の後藤新平には、医聖と呼ばれた野口英世と同じように学歴コンプレックスがあった。しかし、何よりも重要なのは、ドイツ留学で重要な人物に遭遇したことである。その一人は、〝鉄血宰相〟と呼ばれたドイツ帝国宰相のオットー・ビスマルク（1815～98年）であり、もう一人は細菌学者の北里柴三郎である。

ビスマルクが活躍した時代は、日本がおもにドイツを模範として近代国家づくりに専心した時期で、星亮一著『後藤新平伝』（平凡社）によると、鋭い観察眼を持つビスマルクとの面談で、後藤新平は「見受けたところ君は、医者よりも政治に携わるべき人間である」と太鼓判を押されたという。後藤はビスマルクの貧窮対策や保健・衛生制度など当時としては最も先進的な社会政策に大いに啓発され心酔者となった。その二人に共通するのは、徹底した現実主義を貫くために科学的な視点からの考察を重視したことである。ビスマルクの口癖は「数学的に明らか」であった。ビスマルクは、調査を踏まえた数値的な実態（データ）を重視し、そこから導き出される確率を慎重に計算し、政治遂行に当たっては諸事情に内在する関係性を総合的に判断したと言われる。後藤新平も、若いころ測量や医学を熱心に学び、政治や行政の現場では常に科学的な調査研究に基づき政策を推進した。その特徴は、データを広範囲に収集し、分析し、公表することだった。後藤新平の「大調査主義」と言われるものである。

ドイツ留学で知り合った北里柴三郎とは、1897年に日本の感染症対策の基本となった「伝染病予防法」を成立させた。この法律は、1998年に同法やエイズ予防法などの関係法令が廃止され「感染症法」が制定されるまで百年も存続した。二人は留学先で意気投合した。北里が帰国後に文部省や東大医学部の包囲網の中で冷遇されると、後藤は強烈な援護射撃をしたエピソードがある。

それは、北里が設立した民間の伝染病研究所を1894年に東京・芝の愛宕町に移設した時の話である。周辺住民から猛烈な反対運動が起き、それを裏で操ったのが東大医学部系の人々であったが、当時、内務省衛生局長だった後藤はこれに対抗して公然と策をめぐらした。後藤は、「敷地の前に建てられた役所の看板に、夜中に行って墨で塗りつぶしてこい」と部下に命令した。部下は驚愕したものの、夜陰に乗じて命令通り黒塗りにすると、翌朝、住民らの間で大騒ぎとなった。「実に卑劣千万な行為。研究所移転は反対だが、政府の立てた看板に墨を塗るとは言語道断」と、住民の世論は移転容認に急旋回した。看板黒塗りで情勢を一変させてしまった後藤新平の策略は見事そのものであったが、それは北里を支援し日本の防疫体制を確立するための智略であった。やがて、北里が設立した伝染病研究所は、1899年に内務省管轄の国立研究機関となった。

政治と科学の緊張関係

後藤新平の大規模調査は、まず台湾総督府の民政長官時代に開花する。1898年から約8年間務めた民政長官時代、後藤は台湾の大規模な土地調査を実施し、鉄道、港湾、道路、下水道を整備するとともに衛生制度の拡充に尽力した。また産業インフラ整備のため、米国で療養中だった新渡戸稲造（1862～1933年）を殖産局長として台湾に招請し、砂糖産業の育成発展に貢献した。

さらに後藤は1906年11月から、原敬内閣の下で満鉄の初代総裁に就任し、大規模調査機関を設立した。具体的には、「東亜経済調査局」、「満州及朝鮮歴史地理調査部」、「中央試験所」の設立である。特に1908年に世界経済の情報収集を行うために設置した「東亜経済調査局」は、植民地政策研究の満鉄調査部と並ぶ機関として重要な役割を果たした。後藤の意図は、合理的で科学的な方法による政策推進だった。だが、一般に〝満鉄調査部〟と言われるように日中戦争から第2次世界大戦に向けて、こうした調査機関は戦争遂行のための下部機関に変質していった。満鉄調査部周辺から「昭和の妖怪」と呼ばれた岸信介元首相、東條英機内閣で内閣書記官長を務めた星野直樹らの革新官僚が生まれた。大来佐武郎（元外相）らが戦後に作り上げた経済安定本部や経済企画庁でも満鉄調査部出身者が活躍した。後藤の台湾、満州における植民地経営は「科学的植民地主義」と評される。その根幹をなすのは科学的な調査によるデータの収集・分析である。なぜならば、政治や行政の現場では統計的な事実やデータが蔑ろにされることが多いからだ。

実際、政治と科学は緊張をはらんだものになりやすい。新型コロナウイルス感染症対策でも、首相官邸と厚労省内に設けられた専門家会議は対策をめぐり当初から底流で綱引きを続けた。首相官邸サイドが２０２０年６月末に専門家会議を廃止し改組すると、感染症対策の現場には「政治が専門家会議を隠れ蓑にして明確な方針を出さず責任回避をした」との不信感が広まった。

政治と科学のバランスをとり政策の妥当性をいかに担保するか、医学の現場を知る後藤はその難しさを十分すぎるほどに理解していた。だからこそ、後藤は、何事につけても調査を徹底し準備を怠らないように心掛けた。後藤新平の遠大な構想力と、ゆるぎない実行力は常に科学的調査に裏付けられていた。

帝都復興と東京市政調査会

首相候補と言われた後藤新平だが、１９２０年12月に63歳で東京市長に就任した。前市長が疑獄事件で辞職したため、市議会が満場一致で後藤を市長に推挙した。就任を渋る後藤を説得したのは「日本資本主義の父」と称された実業家・渋沢栄一である。だが、台湾、満州で大胆な都市開発を手掛けた後藤の目には、野放図に広がり続ける東京の都市大改が急務と映った。翌21年に、後藤は『東京市政改造要綱』を発表する。計画の財政規模は8億円、当時の市政年間予算が1億３０００万円程度あったので、「後藤の大風呂敷」と批判された。しかし、後藤は突然思いついたわけではなく、1917年に英国のスラム解消やパリ大改造を参考に「都市計画研究会」を作り調査研究を進めていた。

後藤は遠大な計画推進のため大胆な人事と組織改編を断行し、大規模な科学的調査に着手した。さらに後藤は滞米中の娘婿・鶴見祐輔に米国の市政調査の報告を依頼する。その対象は、ニューヨーク市政調査会の生みの親である歴史学者チャールズ・A・ビアード（1874～1948年）であった。鶴見が帰国すると、「東京市政調査会」構想は着々と進められ、その活動拠点として日比谷公園の一角に「市政会館」を建設することも決まり、安田財閥の創始者・安田善次郎がその資金350万円を全額援助した。完成したのは1922年6月で、現在も「後藤・安田記念東京都市研究所」として厳然と活動を続けている。残念ながら、安田善次郎は完成前の1921年9月、大磯の別邸で暴漢に暗殺された。

東京・日比谷の市政会館。館内に「東京市政調査会」（現後藤・安田記念東京都史研究所、筆者撮影）

風雲急を告げたのは、1923年8月に加藤友三郎首相が病死したことだった。後継首相人事は難航し山本権兵衛内閣が成立したが、組閣の最中の9月1日に関東大震災が突発し非常事態内閣が組閣され、後藤新平は二度目の内相に就任した。帝都復興が最大課題で、後藤は遷都せずに復興するため30億円の予算確保と復興省の立ち上げを要求したが、議会で認められず復興省ではない帝都復興院の総裁を兼任した。しかも、後藤の計画は規模も予算も縮小され満身創痍となった。計画の核心部分は残ったが政治的には敗北した。ただ、後藤の帝都改革の柱の一つは、環状1号線から8号線の環状道路構造計画で、京都や西安のような格子状の都市ではなく近代的な環状メガロポリス構想であった。計画は細ったが、大震災後には今に残る南北の「昭和通り」と東西の「靖国通り」の幹線道路が完成した。復興建築物では「同潤会アパート」がある。2013年に上野の最後のアパートが建て替えられて姿を消したが、これが現在の独立行政法人都市再生機構（UR都市機構）につながっている。後藤新平は気宇壮大な「日本の都市計画の父」であった。

10章

芸術都パリに織りなした波乱の生涯

パリ郊外ヴィリエ・ル・バクルの旧宅「メゾン・アトリエ・フジタ」（出典：Wikipedia）

戦争を背負った天才画家・藤田嗣治のパリ

戦争という不可抗力

フランスの1920年代、「狂乱の時代」と言われた享楽のパリでボヘミアン的生活を満喫し、〝エコール・ド・パリ〟の寵児となり、日本で初めて西洋絵画の世界で認められたのが藤田嗣治《ふじたつぐはる》（1886～1968年）である。そのオカッパ頭とロイドメガネという個性的な風貌の藤田は、世界を視野に入れた大志を抱き、間違いなく一時代を築いた。ピカソ、モディリアーニ、シャガールら絵画の巨匠たちと交際し才能を開花させた藤田は、「第二のジャポニズムを引き起こした」とまで評された。

だが、藤田は1940年9月の「巴里籠城日記」の中で「私程、戦に縁のある男はいない。（中略）まるで戦争を背負って歩いている男だ」と書いた。藤田は1913（大正2）年に最初の妻を日本に残し憧れのパリに単身で飛び込んだが、その翌年に「第1次世界大戦」に遭遇した。寵児となって二人目のフランス人妻を連れて日本へ凱旋すれば「日中戦争」に直面し、１９３９年にパリに戻れば「第２次世界大戦」に再び直面した。そして帰国した藤田は１９４１年から45年まで、トレードマークのオカッパ頭を丸坊主にして、戦争画家（作戦記録画家）を依頼され自らも進んで戦争画作成の先頭に立った。

軍部へ協力した藤田は終戦後、「一人で戦争画の責任を取ってほしい」という画家仲間の批判の矢面に立たされた。連合国軍最高司令官総司令部（ＧＨＱ）は最終的に藤田を戦争犯罪人リストに載せなかったが、藤田は「日本で理不尽に迫害された」と日記に書き、１９４９年10月に羽田空港に詰めかけた新聞記者に「日本へはもう帰らない」と言い残して米国へ向かった。そして、二度と日本の地を踏むことはなく１９５５年にフランスに帰化し、59年にはカトリック教の洗礼を受け「レオナール・フジタ」と改名した。その名がレオナルド（仏語でレオナール）・ダ・ヴィンチに由来することは言うまでもない。

作品集発行に夫人が難色

私がパリ特派員をしていた１９８０年代後半、フランスの美術界は大きな変革の波に洗われた。印象派の美術館「オルセー美術館」が１９８６年に開館し、１９８８年には老朽化したルーブル美術館の大改装が終わり、新たなエントランスとしてガラス製のピラミッドが完成した。同じころ、パリの日本美術界では、藤田と同じ時代をモンマルトルで生き抜いたパリ在住の画家・荻須高徳《おぎすたかのり》（1901〜86年）が1986年10月14日に死去した。私はその半年前にパリ郊外のサンドニ美術館で行われた最後の荻須の展覧会に足を運び、モンマルトル墓地で行われた葬儀にも参列した。第2次世界大戦でパリから脱出する前、藤田や荻須、それに画家の高野三三男《こうのみきお》（1900〜79年）はモンマルトルのアトリエで制作や額縁づくりに没頭した。

そしてもう一つは、フランスの藤田研究者であるシルビー・ビュイッソンとドミニック・ビュイッソンの二人が1987年に刊行した作品集『La vie et l'œuvre de LÉONARD-TSUGUHARU FOUJITA』（「レオナール・ツグハル・フジタの生涯と作品」ACR Édition）が販売停止となる騒ぎがあったことだ。私は書店発売と同時にすぐさま一冊入手したが、その数日後には書店から姿を消した。作品集には8枚の戦争画が含まれていたため、藤田の最後の妻で著作権の継承者であった君代《きみよ》夫人が、藤田が背負った「戦争協力者」という汚名払拭にこだわり出版停止の訴訟を起こした。

1987年パリで販売停止の騒ぎとなった藤田の作品集の表紙（筆者撮影）

敬愛する父が後押し

藤田嗣治は1886（明治19）年、東京都牛込区（現在の新宿区）新小川町に生まれた。自身の著書によれば、「江戸川の大曲《おおまがり》に生まれたせいで旋毛《つむじ》曲がりで負けず嫌い、内面は〝偏屈〟の気性だった」という。4歳ごろから絵の才能に非凡なところをのぞかせ、家のものに叱られると庭先の木に登って絵を描き続けたというエピソードを持つ。東京高等師範学校（現筑波大学）附属中学3年生の時、画家を決意し軍医であった父親に手紙を書くと、父親は五十円の大金を与えその希望と決意を後押しした。父親の嗣章《つぐあきら》は東大医学部の前身である「大学東校」を出て、軍医として台湾、朝鮮に約20年勤務して、最後は小説家で軍医だった森鷗外の後任として陸軍軍医総監（中将）に上り詰めた人物だ。藤田は軍医の父親を尊敬し、さらには天皇陛下への敬愛の念も強かった。

藤田については、そのユニークな風貌から体型的に線の細い人物を思い描くが、高等師範学校附属中学校の当時の校長は講道館を創設した嘉納治五郎《かのうじごろう》で、藤田は柔道の朝げいこに専心して有段（2段）の資格を得ている。あだ名は〝鉄筋コンクリート〟、裸になると逞しい筋肉質の肉体だった。貧しいパリ時代、暴漢を投げ捨てた武勇伝も持つ。その一方で、質実剛健のようなところのあった藤田は、モンパルナスのカフェやミュージックホールで奇抜な言動と振りまく愛嬌で大の人気者になり、腕には腕時計、手の指には指輪の入れ墨をした。だが、深夜の騒ぎの最中、いつの間にかアトリエに帰ると短い睡眠をとって翌朝には黙々と絵筆を採った。藤田は「天才芸術家」と人前で豪語したが、実は大変な努力家であった。バカ騒ぎはしても酒は飲まなかった。

妻5人、女にもてた男

それにしても、藤田は女性にもてた。自著『随筆集　地を泳ぐ』（平凡社）の中で自慢しているように、世界中のセレブから場末の女まで女性千人以上と親しく、かつ情熱的に知り合った。それは嘘ではないのだろう。藤田は生涯に日本女性2人、西欧女性3人の5人を妻とした。最初の妻は、相思相愛だった鴇田《ときた》とみ。女子美術学校（現女子美術大学）師範科を卒業して教師という職業婦人の道へ進んだ明治時代の先端を行く女性だったが、パリへ単身乗り込んだまま第1次世界大戦の影響もあって再会することなく協議離婚した。2番目の妻は、売れない画家・藤田をパリの画商に売り込んだフェルナンド・バレー。パリの世渡り上手のいい女だったが、藤田が世話していた日本人画家・小柳正と浮気、藤田も別の恋人を見つけて別れた。

3人目の妻は、藤田がその白い肌から「ユキ（雪）」という愛称で呼んだベルギー出身のリュシー・バドゥで、1924年にユキをモデルに裸婦大作『雪の女王ユキ』を展覧会「サロン・ドートンヌ」に出品して大評判を取った。藤田が奇抜な言動で「フーフー」（お調子者）と呼ばれ社交界の人気者となった時代だ。5年近い同棲を経て1929年にユキと結婚するが、まさにその時に世界大恐慌が起き、藤田の全盛時代は終わり1931年に二人は別れた。

4人目は1931年から2年間の中南米への海外旅行生活をともにしたマドレーヌ・クルーで、「カフェ・ド・パリ」のダンサーだった。二人はその後日本に帰国したが、マドレーヌは大変な浪費家だったため喧嘩が絶えず、パリにひとり一時帰国した。その間に藤田は5番目の妻となる新橋の料亭の仲居だった君代を愛人とし、マドレーヌが日本に戻ってくると藤田の生活は妻と妾《めかけ》が同居するという〝火宅〟の日々を送る羽目になった。そんな中、マドレーヌが1936年6月に29歳の若さで急死する。死因は脳血栓と報じられたが、精神病、薬物などの疑いもうわさされ謎が残った。それから5か月後、君代と晴れて夫婦となったが、正式の結婚は渡仏後の1954年となった。藤田が君代を見初《みそ》め神楽坂に隠宅を構えたほどで、25歳も離れた君代との関係は傍目《はため》に藤田の〝老いらくの恋〟と映った。

藤田の戦争画

藤田は1937年10月に海軍省の嘱託の従軍画家になり、藤島武二ら6人の画家とともに中国の漢口の戦場を視察取材した。その33日間に及んだ〝聖戦従軍〟の出発の日、85歳の父親が壮行会場で見送ったという。1940年9月には日本陸軍が大惨敗したノモンハン事件の現場を取材した。それを基に描いた『哈爾哈《ハルハ》河畔之戦闘』(1941年)は、現在残っている藤田の戦争画14枚のうちの傑作の一つだといわれ、軍部は大歓迎した。しかし、藤田は軍部には見せられない同名の作品をもう一枚描いた。ノモンハン事件は日本軍兵士約1万人が戦死した悲劇の戦闘だが、当時、日本国内で大惨敗の真相を知らされることはなかった。

日動画廊の長谷川徳七社長は著書『画商の「眼」力』（講談社）の中で、麹町の藤田のアトリエで〝もう一枚〟の絵を見せられたことをまじまじと書いている。それによれば、当時の東條内閣の湯沢三千男《ゆざわみちお》内務大臣と一緒に訪れ見せられた絵は、「赤黒く燃える炎がキャンパス全面を覆い、兵士の屍骸《しがい》が累々と横たわっていました。ハエがとまり、蛆《うじ》がわいた屍《しかばね》をソ連の戦車が踏みにじりながら進む、そうした様子が克明に描かれていました」という。現実に起きた悲惨な戦場を描いた、今は現存しない〝もう一枚のノモンハン〟はまさに時の権力者・内相に対する一種の挑発であって、藤田は「傑作だろう」とニヤリとして言ったという。

私は2018年7月に東京都美術館で行われた「没後50年」展でもう一枚の重要な戦争画『アッツ島玉砕』（1943年）を初めて観た。米アラスカ州アリューシャン列島のアッツ島（熱田島）で1943年5月に17日間の米軍との死闘の末、日本軍兵士が玉砕した光景を描いたものだ。全体が濃暗色でのぞき込まないと兵士たちが死を前にどんな状況に置かれているのか判然としないところがあったが、一瞬にして分かったことは全体を覆う尋常ではない重苦しさであった。藤田はこの戦争画を軍の要請ではなく自発的に写真をもとに想像で描いたという。藤田最後の戦争画『サイパン島同胞臣節を全うす』（1945年）も、米軍に追い詰められ自決していった非戦闘員一人ひとりが細かに描かれていた。死んだ兵士や同胞の鎮魂のためだったのであろう。

理不尽な迫害

戦後間もなく朝日新聞（1945年10月14日付）に洋画家で軍医であった宮田重雄の「美術家の節操」という投稿が掲載された。戦争と美術について芸術家の良心を問う投稿は、明らかに藤田を念頭にした戦争画批判であった。それが画壇の戦争責任追及に発展し、1946年4月には民主主義文化連盟が文化人の戦争責任追及員会を立ち上げ、日本画では横山大観、川端龍子《かわばたりゅうし》ら、洋画では藤田嗣治、宮本三郎、猪熊弦一郎らが糾弾された。中でも藤田批判の急先鋒は宮田重雄とパリで旧知の洋画家・川島理一郎だった。川島は藤田が1913年にパリを初めて訪れた時、案内役をした人物で、一時は兄弟のように意気投合した間柄だった。藤田にとっては相当なショックだったに違いない。

藤田は1949年に米国へ飛び立ったが、その米国でも在米の日本人画家である国吉康雄らに〝軍国主義者〟と痛烈に批判された。ニューヨークに約1年滞在したが、その時の作品が代表作の一つである『カフェ』である。2018年の「没後50年」展でも里帰りしたが、もともとはポンピドゥー・センター（仏国立芸術文化センター）内に展示されている。1980年代の半ばに最初にパリで観た時に、私は物憂げな丸顔の女性の表情がかつてのタレント「あべ静江」に似ているなと思った。だが、その物憂げな表情が日本を追われるように離れた藤田の重苦しい心象を映し出したものとは知らなかった。

藤田は1950年2月ようやく念願かなってフランスへ再帰した。だが、パリへ戻って歓迎されたわけではない。第2次世界大戦で敵国となった日本人画家であり、かつての〝エコール・ド・パリ〟の寵児の面影は微塵もなかった。仏写真週刊誌『パリマッチ』に「亡霊の出没」とまで書かれた。戦前には日仏文化交流の中心人物であった藤田は日本人社会とも完全に距離を置いた。藤田は1955年に仏国籍を取得し、59年にランス大聖堂で洗礼を受けカトリックに改宗した。レオナール・フジタ73歳の時である。フジタが残した日記に「私が日本を捨てたのではない。私が日本に捨てられたのだ」と記した。

〝薄命の画家〟藤田の晩年

フジタは1961年11月にパリ南西エソンヌ県のヴィリエ・ル・バクルの農村に移り住む。無表情な少女像や人形絵を経てやがて宗教画を手掛けた。最後の仕事は、ランスの「ノートルダム・ド・ラ・ペ（平和の聖母）礼拝堂」内部の壁画で、難しい古典的なフレスコ画法で描き上げた。晩年の藤田は戦後のつらい記憶から逃れるようにひっそりと生き、チューリッヒの病院で1968年1月に死去した。カトリックへの改宗は免罪符であったのだろうか。フジタが書き残した「夢の中に生きる」という文章の中には、次のように書かれている。日付は１９６６年4月18日、その死より1年半前である。

「日本に生まれて祖国に愛されず
又フランスに帰化してもフランス人としても待遇も受けず
共産党のように援護もなく
迷路の中に一生を終える薄命画家だった」と。

君代夫人の日本への強い反発は、フジタの気持ちの代弁であったのだろう。日本美術界への不信から作品公開、画集出版を長い間、断固拒否した。我が家にある発禁されかかった一冊の作品集もその例に漏れない。状況が変わったのは21世紀に入ってからで、２００1年に君代夫人監修で初めて日本国内で作品集が出版されてからだ。パリ市立近代美術館文化財保存統括監督のソフィ・クレブスは藤田の作品について「東洋と西洋の伝統の間に調和を見出すもの」と評価したが、そうした藤田の二面性こそがまさに彼の独創であり、何処にあっても〝異邦人〟的な芸術家として生き続けることにつながった。藤田がパリで活躍していた同時期に、フランスの画家や音楽家と華々しい交流を続けた

藤田嗣治『カフェ』（1949年）（出典：「没後50年藤田嗣治展」図録）

薩摩治郎八は、「藤田がもし1920年に亡くなっていたら伝説的な画家になった」と回想している。確かに藤田の友人だったイタリア人画家モディリアーニは1920年にパリで若死にし、近代の日本洋画家の中でも際立った個性を放つ佐伯祐三も1928年にパリで客死した。

だが、天真爛漫で大変な社交家だった天才画家レオナール・フジタは人生の〝白秋〟を越えて〝玄冬〟である81歳まで生き延びた。藤田にとって、人生の後半生を「孤独に生きる」ことは特別貴重であったに違いない。「和して同ぜず」のような人生だった。残念なことは、国境を跨《また》いで生きたがゆえに、さらには東洋と西洋の混交に生きたがゆえに、日本国内で必ずしもよく知られず、その業績が十分に評価されていないことだと思う。

薩摩治郎八、「パリ日本館」と狂騒の１９２０年代

「東洋のロックフェラー」と呼ばれた男

１９２０年代、薩摩治郎八《さつまじろはち》という20代の青年が、親の資産とはいえパリの国際大学都市に「日本館」を建設するなど公私併せて現在価格で総額２００億円以上を使いまくり、パリ社交界で〝バロン・サツマ〟と呼ばれた。「東洋のロックフェラー」との異名もとり、使った総額は一説には８００億円と言われる桁外れゆえに、鹿島茂明治大学元教授はその評伝的著書で、薩摩治郎八を「蕩尽王《とうじんおう》」と名付けた。どうしてそんなことが可能だったのだろうか。

さらに言えば、１９２０年代にパリ画壇の寵児となった藤田嗣治《ふじたつぐはる》をはじめ、音楽家のラヴェル、作曲家

村上紀史郎著『「バロン・サツマ」と呼ばれた男』、藤原書店

のドビュッシー、果てはアラビアの無冠王ロレンスに至るまでフランス、英国を舞台に繰り広げた著名人との交友の広さと邂逅《かいこう》の多さは、富豪御曹司の華麗なる人生絵巻の矩《のり》を踰《こ》えている。第2次世界大戦後に12年ぶりにフランスから帰国した治郎八は、没落した富豪の例に漏れず隠棲的な人生を歩むことになった。しかし、パリにおける享楽的でボヘミアンな粋人とみられ、逸話（アネクドート）に事欠くことのない不思議な話題の宝庫であったがゆえに、雑誌や週刊誌の軟派ジャーナリズムにもてはやされ文筆業で生計を立てた。好奇の目で見られ、治郎八が青春のエネルギーをかけて実現した「パリ日本館」建設などの功績はすっかり色あせてしまった。

振り返れば19世紀末から始まった西欧の黄金時代は、1929年の世界大恐慌で暗転する。だが、第1次世界大戦と並行して広がったスペイン風邪のパンデミックが終息した後の1920年から29年まで欧米世界には「狂騒の時代（レザネ・フォォール）」（仏）、「ローリング・トウェンティーズ」（米）と呼ばれる豊穣でバブリーな時代が展開した。この時、日本は同大戦の戦勝国として国際連盟に常任理事国となって国際的な〝一等国〟に昇格し、経済的には戦争景気で債務国から債権国へ転じた。まさに飛躍の時代であった。薩摩治郎八が湯水のように資産を使い、青春を謳歌しながら異彩を放ち続け得たのは、伝統を破壊し新しい秩序を模索した1920年代の怒涛の時代であったからだ。しかし、第2次世界大戦で敗北した日本は地に落ち、治郎八のような存在は二度と生まれぬ「絶滅危惧種」と化した。薩摩治郎八の物語は、古き良き時代の日本への追憶なのだろうか。気紛れな蜃気楼だったのだろうか。

パリ在住日本人画家への義憤

戦前、パリで一番有名と言われた薩摩治郎八（1901〜1976年）は、幕末から明治時代にかけて「木綿王」と呼ばれた初代薩摩治兵衛の孫（三代目）として生まれた。母親・まさも同時期に「東京モスリン紡織」で豪商となった杉村甚兵衛の長女であった。初代薩摩治兵衛は戊辰戦争《ぼしんせんそう》のなか危険を顧みず商売を続行して巨利を得た。扱った商品は薄手で平織りの綿生地である「金巾《かなきん》」。大商人となった薩摩家は、明治中期にはセメントで財閥を築いた浅野総一郎と肩を並べる資産家となり、神田の駿河台鈴木町（当時）に大邸宅を構えた。お茶の水駅近くのその跡地には今、東京医科歯科大学研究所や鴻池グループのビルが立ち並んでいる。

治郎八が残した海外放浪の体験記ともいえる自著『せ・し・ぼん　わが半生の夢』（山文社）によれば、そんな商家の血筋に生まれながら、育った環境は「封建的と自由進歩的な思想が交差した」家庭だった。だからこそ「私の詩人的性格と理想美に憧れる精神的欲求が無心のうちに芽生えていた」と記している。小学校は九段下の裕福な子弟が通う「清華学校」（戦後に廃校）、中学は神田淡路町にあった優秀校「開成中学」へと進学した。だが、校風と合わず高千穂中学に転校したもののひどい顔面神経痛で、父親が購入した大磯の別荘に引きこもった。別荘は明治の元勲・伊藤博文が母堂のために建設した「流水園清琴亭」で、伊藤の有名な別邸「滄浪閣《そうろうかく》」の近くにあった。治郎八は、隠れ家のような別荘で英国留学のための英語の勉強に励んだ。

清華学校時代の同窓生にベストセラー『うちの宿六』（1955年）を書いた随筆家の福島慶子がいる。父親は三菱財閥のトップ経営者となった荘清次郎で、夫は東大卒の富豪御曹司の福島繁太郎。

薩摩治郎八と同時期にパリでルオー、マティス、ピカソらの作品を収集し「福島コレクション」の名で知られた。実は、パリに集まった日本人画家たちを一時期、二分したのが「薩摩派」と「福島派」であった。戦争景気と急激なフラン安から、パリで一旗揚げようと日本から画家が押し寄せ、世界大恐慌前には400人近い日本人画家がいたと言われている。薩摩治郎八が1929年4月に「仏蘭西日本美術家協会」を設立して藤田嗣治を中心に展覧会を開催すると、これに対抗する画家が福島の支援を得て同年6月に「巴里日本美術協会」系の展覧会を開催する騒ぎとなった。その後、薩摩派内も藤田嗣治グループと反藤田グループに分裂した。

この時、薩摩治郎八は、「藤田嗣治を会長にすると島国根性の焼きもち争いが起こった」と憤慨し支援を一切打ち切ったが、自著（前出）の中で「この事件から私は日本人一般が如何に国際的関心に欠け、共同的に日本の文化を海外に紹介しようとする精神に遠く、ただ自己の小さな名誉とか利益とかのみに汲々としている人種である」と嘆いている。しかし、戦後もこの〝島国の猿山〟のような発想が変わったとは到底思えない。文化より経済利益がぎらぎらした近年の「クールジャパン」の低迷がそれを物語っている。

「パリ日本館」建設への道

薩摩治郎八は1920年12月、19歳の時にロンドンに5年間の予定で留学した。パリでの音楽留学の妹・蔦子《つたこ》と一緒に旅立っている。治郎八はロンドン郊外リッチモンドに寄宿するが、運転手付きの高級車のリムジンを乗り回し、ボンド・ストリートの美術店を回るなど最初から単なる「ぼんぼん」とは思えない突出した行動力を見せた。憧れたのはボヘミアン・ライフで、大英博物館に展示されていたギリシャの「タナグラ人形」に魅了されギリシャ文明・美術に心酔した。タナグラ人形とは、古代ギリシャで作られた彩色人形で、決して大きな人形ではないが清楚で写実的な姿が特徴で、欧州の中流階級の人々に美術品として人気を博した。

やがて、治郎八は親の了解を得て1923年5月にパリに居を移し、途轍《とてつ》もない交友の旅を始める。その流れの中で、見えない糸に引かれるように治郎八は「パリ日本館建設」事業にかかわっていく。問題は、なぜ薩摩治郎八がパリ国際大学都市（シテ・ユニベルシテール）での「日本館」建設に多額の私財を投入することになったかだ。パリ国際大学都市の計画は第1次世界大戦終結後の1919年に本格化した。普仏戦争（1870～71年）時代にパリ攻防戦で防御の役割を果たしたティエール城壁がパリ南部にあったが、第1次世界大戦では無用の長物となり城壁の外側には最貧民が住み着いていた。このため、1919年4月に城壁の撤去を決定した。約20ヘクタールの広大な城壁跡地に緑園都市を作り、パリ大学の学生の寮を建設し、外国の留学生エリートを交流させて国際平和に貢献できる場を作ろうという提案がされた。計画は反骨の政治家であるアンドレ・オノラ議員（のちに公教育相）によるもので、オノラはやがて薩摩治郎八の国際協力事業の強力な支援者となった。

薩摩治郎八が具体的に協力要請をされたのは、留学を終えて日本へ一時帰国していた1925年夏だった。自著によれば、元老・西園寺《さいおんじ》公望《きんもち》の秘書・松原新一郎と外務省の広田弘毅《ひろたこうき》（当時欧米局長）から「日本館」建設の相談があり、牧野伸顕《まきののぶあき》伯爵に相談すると「大賛成」との返事で大いに鞭撻された。しかし、国家的文化事業の責任を委託されたものの資金調達は容易ではなく、今度は渋沢栄一子爵に相談すると、「我々父子が私力にて引き受ける」ことになってしまった。つまり薩摩家で資金調達する羽目になった。治郎八、なんと25歳の時である。いつものことだが、文化に対する政治や行政の対応は、所詮そんな〝他人任せ〟が常なのだろう。

パリ大学都市日本館（出典：Maison du Japon ホームページ）

こうして始まった「日本館」建設は、約2年をかけて1929年5月に完成した。その過程で駐日フランス大使として来日した詩人で劇作家のポール・クローデル大使が「日本館建設」を強く推奨した。建設の原資は薩摩治郎八が寄付した。日本館自体は大学都市に建設された6番目の学生寮で、アジア諸国で独自の寮を構えているのは現在、日本とインドだけである。総工費は２００万フラン、地上7階、地下1階で、60室の部屋を持ち、藤田嗣治の大作壁画２点が1階広間と玄関正面に展示された。設計は治郎八の知人で建築家のピエール・サルドゥで、城郭のような切妻屋根が特徴だ。

藤田と壁画制作でトラブル

ところが、藤田嗣治の壁画をめぐってトラブルが発生した。藤田は壁画制作に応じたが、下絵の所有権は自分にあると主張して対立する。しかも、一向に壁画制作は進まないのに、契約額30万フラン（うち20万フランは前金）では少なすぎると主張して関係は冷え切った。和解したのは2年後の１９２８年で、藤田はホールに『欧人日本へ渡来の図』、正面ロビーに『馬の図』を描いた。藤田と知り合ったのは、薩摩治郎八がパリに移住した直後の１９２３年で、かなり親密な関係を築いた。治郎八は自著で、藤田のアトリエを訪ねた時の異様な様子を描写している。それは藤田の二番目の妻フェルナンド・バレーが留学してきた画学生・小柳正とできて2階で同棲しているのに、藤田は階下のガレージで新しい女（のちの妻）バドュウ・ユキと暮らしているという光景だった。治郎八は、「藤田がいいのはバレーの時代で、そのあとのユキの時代はよくない」と評し、藤田がモンパルナスに転居したことが「藤田を画家から画工に変えた」と強調している。

バレーの浮気相手の小柳正について、治郎八は「早川雪洲に似た美男子だった」と記している。治郎八は早川とも遊び、飲み友達として親しかった。その俳優・早川雪洲は晩年の映画『戦場にかける橋』（1957年）でアカデミー助演男優賞にノミネートされ話題を呼んだが、1920年代から欧米で主演男優としてスターになった最初のアジア系俳優だった。特に、フランスでは1923年に公開された早川主演映画『ラ・バタイユ』（海戦）が大ヒットした。日露戦争を舞台にした仏作家クロード・ファレールの同名の小説を映画化したもので、仏海軍省が後援し本物の軍艦を撮影に使った。日露戦争で大国ロシアを倒した日本への共感は、第1次世界大戦での戦勝国入りと合わせて想像以上に高かった。

第2次世界大戦の開戦でパリ在留邦人はほとんど帰国したが、治郎八は病気療養を理由に南仏に残留した。帰国を決めた藤田嗣治とパリで最後の別れをしたが、治郎八は自著で、脱出する藤田を「友情をかなぐり捨てて逃亡するとは情けない心情だとひそかに彼を憐れんだ」と綴った。藤田が戦後、日本を捨てて米国経由でフランスへ戻ったことについても、「巴里に到着した際、新聞記者と大争いが起こり、危うく停車場で袋ダタキにされそうになったのは、仏蘭西側としては当然の気持だと思った」とまで書いている。一世を風靡したパリ画壇の寵児・藤田嗣治の戦後の孤独が、治郎八の言葉から強烈に浮き上がる。

三つのオートバイ事故

薩摩治郎八の本当の面白さと興味は、実は多彩多岐にわたる交友の中から生まれたエピソードにある。それを物語るのが、三つのオートバイ事故である。一つ目は中東の砂漠の無冠の帝王アラビアのロレンスの事故死である。英軍人で考古学者であったトーマス・ロレンス(1888~1935年)は、オスマン帝国に対するアラブ人の反乱(アラブ反乱)を支援した英雄で、デヴィッド・リーン監督の米英合作映画『アラビアのロレンス』(1962年公開)が第35回米アカデミー賞の監督賞など数多くの賞を獲得したことで世界に広く知られるようになった。治郎八は自著の中で、神出鬼没な砂漠の英雄との出会いについて「私がロレンスに対して無限の憧憬を抱いたのも、彼の性格が私の理想的人生の表現であったからだ」と書いている。しかし、会った時期や場所の特定が曖昧なことからその真偽をめぐって論争になっている。もし本当に出会っていればロレンスと会った唯一の日本人となるからだ。

リーン監督の映画の冒頭は、そのロレンスがオートバイで快走するうちに事故を起こし、車が飛ばされる場面で始まる。治郎八は、英国の田舎道で起きたロレンスの不幸な出来事について次のように記している。「美しい平和な空から一羽の燕が舞い降りた。そしてこの平和の象徴のような小鳥が快走中の老兵卒の前頭にぶつかったのである。その瞬間フルスピードのオートバイとともに地上に投げ出されていた」と。

治郎八が強烈な影響を受けたもう一人の人物もオートバイ事故で死んでいる。ギリシャの〝神性美〟と言われたバレー・ダンサーであるイザドラ・ダンカン（1877〜1927年）である。モダンダンスの祖と言われる米国生まれの裸足で踊る革命的なダンカンは、保守伝統の欧州社会に強烈な衝撃を与えた。パリでダンカンと出会った治郎八はそのキッスに、「美の創造に掻き立てられた」と告白している。だが、ダンカンは革命ロシア（ソ連）での探究者的な生活を試みた後、帰国した南仏ニースの海岸通りをオートバイで快走していた時、首に巻いていた襟巻が車輪に巻き込まれて死んだ。治郎八はそのことを「不慮の絞首刑」と評した。

三つ目のオートバイ事故は、藤田嗣治の話である。1924年2月、藤田は知り合いのオートバイの後ろに乗って額縁を買いに出かけたときバスと衝突、転倒して足を骨折した。治郎八は入院先に毎日のように藤田を見舞い、多くの日本人画家と知り合いになった。藤田のテクニックを盗もうとしていた日本人画家たちを前に、藤田は「日本で学んできたことを捨てよ。自分のオリジナリティをつかめ」と平然と言い放っていたという。異郷での交際でしか知りえない興味深い逸話である。

「放蕩的快男児」の戦後

そんな薩摩治郎八も戦中から戦後を通じて、フランスの日本人社会から疎外されていた。1951年5月、12年ぶりに50歳で日本に帰国した治郎八は、倒産した実家の残したわずかの財産を糧に隠棲的な生活を強いられた。奇想天外な人生歴を持つ治郎八に着目して出版社から文筆の依頼が来ると、放言も含めた華麗すぎる内容から「放蕩的快男児」と面白おかしく話題にされるようになった。しかし、治郎八は15歳の時に執筆した小説『女臭』(のち廃棄)の早熟ぶりが示したように、芸術的な夢は衰えることはなかった。やがて浅草に居を構え、フランス帰りの小説家・永井荷風がそうであったように、江戸情緒を楽しみ、六区の「浅草座」や「カジノ座」の楽屋に出入りするようになった。その浅草座で2番目の妻となるストリップダンサー眞鍋利子(芸名・秋月ひとみ)と出会った。利子は1931年の徳島生まれで、それ以前は日劇ミュージックホールに出演していた。30歳も離れた再婚は、パリの社交界でひときわ輝いた前妻千代子(戦前に死別)との生活とは雲泥の差の小市民的なものであった。治郎八は、利子の郷里徳島へ里帰りし、阿波踊りのあった1959年8月に脳卒中で倒れた。3か月後には話せるようになったが、以後徳島に住み続けた。

薩摩治郎八が再評価され始めたのは死後20年以上たった1990年代のバブル崩壊後であった。それ以前の1965年に仏政府から芸術文芸勲章を受章しているが、晩年は病気の後遺症で苦労した。薩摩治郎八が1920年代以降の「狂騒の時代」に積み上げた交友と邂逅の数々は桁外れで、その多彩で貴重な体験を持つ人物は「日本では唯一的なもの」(外交官・柳澤健)であった。唯一無二の絶滅貴種的な存在となった薩摩治郎八が残したエピソードは、もしかすると歴史にも匹敵する貴重な記憶だったかもしれない。爵位がないのに「バロン・サツマ」と呼ばれた男は1976年2月に74歳で死去した。昭和天皇と同じ年の生まれであった。

それにしても、薩摩治郎八が手掛けたパリ「日本館」の建設は、欧米社会の「狂騒の時代」が終わろうとする最後の局面の際どい事業だった。完成から5か月後の1929年10月には世界経済が大恐慌に突入した。それでも、開館時には優秀な日本の若者22人が入居し、その中には数学者の岡潔、建築家の前川國男、「雪の結晶」研究で有名な物理学者の中谷宇吉郎らがいた。戦前、戦後も一時期を除いて、多くの日本人の学者、研究者、更には多くの外国人研究者も日本館を利用している。しかし、日本政府が運営維持のための補助金を渋ったため、薩摩治郎八が補填を続けなければ「日本館」の存続は危うかった。

最近ではほとんど話題にも上らないパリ国際大学都市の「日本館」だが、その建設にかけた薩摩治郎八の多大な尽力と情熱は、今でも歴史的輝きを失っていない。多くの人材を育成し、多様な国際交流をはぐくんできた〝場の歴史〟であればこそ、薩摩治郎八の伝説的功績は蜃気楼ではなく、パリで大きな夢であり続けている。

11章 対外発信の先兵たち

東京都港区六本木5丁目麻布鳥居坂にある「国際文化会館」(International House of Japan、筆者撮影)

戦後国際交流の礎を築いた松本重治

回想録に漂う歴史的深み

ある夏、軽井沢の別荘に向かう宮沢喜一元首相（当時は官房長官）に「静養先では何をされるのですか」と聞いたことがある。すると、宮沢氏は「松本重治さんの『上海時代』をゆっくり読むことですかね」と言われたのを覚えている。松本重治《まつもとしげはる》（1899〜1989年）は、戦前の国際ジャーナリストで戦後日本の国際交流の礎を築いたオールド・リベラリストであった。同時に、日米知的交流や異文化交流の拠点となった東京・六本木にある公益財団法人「国際文化会館」（「アイ・ハウス」）を創設した中心的人物であった。

宮沢元首相が挙げた『上海時代』は新書版ながら3分

若き日の松本重治（開米潤著『松本重治伝』、藤原書店）

冊の大著で、対立が激化する1930年代の日中関係について極東最大のニュース拠点だった上海での経験を回想したもので、当時、松本重治は新聞聯合社（聯合《れんごう》、のち同盟通信社）の上海支局長であった。回想録とはいえ、その広範で精緻な記述は貴重な日中裏面史をなし、いまに通ずる多くの外交的教訓を残している。何よりも、登場人物の多様さや歴史的経緯についての詳細な記録は、松本の驚異に値する記憶力を物語る。松本の世界的なスクープとなった1936年の「西安事件」、さらに辛亥革命を起こした孫文の側近だった汪兆銘《おうちょうめい》（1883〜1944年）らとの水面下での日中和平工作をめぐる回想は、当時の緊張した息遣いを感じさせるほどで、途轍もない深みのある歴史書のようにさえ感じさせる。

松本重治は、『上海時代』を〝遺言〟を残すような気持ちで書き続けたという。松本は、日中戦争が起きた原因について「当時の多くの日本人が、中国人の気持ちを理解しなかったことにある」として同じ悲劇を繰り返さないようにという願いを回想録に込めた。さらに松本は戦後の荒廃の中で日本の信頼回復のため日米関係修復の礎を築き、1989年の東西冷戦崩壊の時まで国際文化交流の最前線で民間人として陣頭指揮を執り続けた。私も対外発信や国際広報の仕事を長く続けているが、グローバル化の時代にあって松本重治を超えるスケールの大きな実践的ジャーナリストを知らない。

華麗なる系譜

松本重治は明治維新以降の日本のエスタブリッシュの華麗なる系譜の中に生まれた。母親は、明治の元勲で二度首相になった松方正義《まつかたまさよし》（1835～1924年）の四女・光子であり、重治の妻となった花子は、松方正義の三男・幸次郎の娘で従妹同士であった。松方幸次郎（1866～1950年）は川崎造船所社長などを務めた実業家だったが、一般的には幸次郎が欧州で収集した印象派を中心とする絵画や彫刻、浮世絵などの「松方コレクション」で有名である。その約8000点に上る浮世絵は一括して東京国立博物館に所蔵されている。

一方、父親は大阪の有力な両替商の家に生まれ育った井上蒶蔵《いのうえまつぞう》だったが、「関西の渋沢栄一」と言われた大実業家の松本重太郎《まつもとじゅうたろう》（1844～1913年）に子どもがなかったため、蒶蔵が松本家の跡継ぎとして養子になり九州電気軌道会社の重役を務めた。祖父・重太郎は日本で初の私鉄「阪堺鉄道」（現・南海電鉄）を創業し、大阪毎日新聞、東洋紡などのオーナーとなるなど関西で住友に次ぐ企業グループを作り上げた。

さらに言えば、近衛文麿《このえふみまろ》元首相の側近であった牛場友彦《うしばともひこ》は、第一高等学校（一高）、東大の同窓であるだけでなく、松本と親戚関係にあった。牛場の従姉ミヨが松方正義の九男の妻であったからで、そのミヨに生まれた女の子「ハル」は、ケネディ米政権下で駐日米大使となったエドウィン・ライシャワーと結婚した。こうした華麗なる経脈が、戦後の日米関係を軸とする民間国際交流の本流を形成していく背景となった。

歴史家ビーアドとの出会い

松本重治は小中学校の頃、祖父の地元神戸で過ごし名門・神戸一中を経て一高、東大法学部を卒業したエリートである。学生時代は大正デモクラシーを満喫し、宗教家・内村鑑三の集会に参加をしたりしている。神戸一中の先輩には終戦時の朝日新聞論説主幹の嘉治隆一《かじりゅういち》、後輩には中国文学者の吉川幸次郎《よしかわこうじろう》、初代文化庁長官・今日出海《こんひでみ》、吉田茂首相の側近となった白洲次郎《しらすじろう》らがいた。

しかし、松本は東大大学院在籍中の１９２３年９月の関東大震災で大量の蔵書を焼失してしまう。この時、米国から帰国したばかりのアメリカ研究の第一人者である東大教授の高木八尺《たかぎやさか》（１８８９～１９８４年）のアドバイスで、米国エール大学への留学を決断する。エール大学では歴史学者で同大における日本人初の教授になった朝河貫一《あさかわかんいち》（１８７３～１９４８年）から日米関係について多くのことを学んだ。高木、朝河両教授は日米開戦を回避しようと尽力したことで知られ、高木教授は開戦前に近衛文麿《このえふみまろ》首相とフランクリン・ルーズベルト大統領の会談の実現に努め、朝河教授もまた開戦直前に同大統領から昭和天皇宛の親書を送るよう働きかけていた。いずれも成功しなかったが。

松本重治にとって、米国留学で極めて重要だったのは、高名な歴史学者だったチャールズ・ビーアド博士（元コロンビア大学教授）の知己を得たことだった。松本は「ビーアド先生は、私の人生の思想と生き方に、大きな影響を与えることになった」（『わが心の自叙伝』）と述懐している。松本は博士に触発されて、1924年夏にウィスコンシン大学で労働問題を研究したが、米国企業40社近くを訪ね歩いたというからジャーナリスト精神はすでに旺盛だった。その年はまさに日米関係悪化の分岐点となった対日移民排斥法施行の年だった。松本は翌1925年、米誌『ザ・ネーション』に日本の労働問題に関する論文を発表すると、米国内から予想以上の反応が返ってきた。その手応えに、松本は「国際ジャーナリスト」を志向するようになったと『上海時代』に記している。

そのビーアド博士は、松本論文が掲載された同じ号の雑誌に日米関係論文を発表し、「日米関係の核心的問題は中国における通商の利害対立である」と論じた。日米関係の根本は中国との関係をどうするかであって、突き詰めて言えば、「日米関係は日中関係そのものである」と言えるだろう。その要諦は1920年代以降現在に至る日本外交においても変わらない。むしろ、中国が強権的な覇権国家として台頭し米中対立がエスカレートする中で、日本は米中両国といかにバランスを取ることができるか、松本重治が生きていればどのような未来への見立てをしたであろうかと思う。

付言すれば、ビーアド博士は米国の対外戦争関与に強く反対し、晩年には日米戦争は不要だったとの趣旨の著書『ルーズベルトの責任・日米戦争はなぜ始まったか』（藤原書店）を残している。1922年には東京の都市の在り方について調査研究を行い、後藤新平東京市長（当時）に「東京市政論」を報告している。その翌年の関東大震災の直後にも来日し、東京復興の意見書を提出して

〝帝都復興の恩人〟と評された。

転機となった太平洋会議

米国留学、欧州歴訪を経て帰国した松本重治の大きな転機となったのは、１９２９年秋に京都で開催された第３回太平洋問題調査会（ＩＰＲ）の「太平洋会議」であった。ＩＰＲは民間会議だったが、満州の関東軍が１９２８年に奉天（現瀋陽）近郊で奉天軍閥指導者の張作霖《ちょうさくりん》を爆殺した（張作霖爆殺事件）ため米中の対日批判は厳しく、会議での混乱が懸念された。日本側団長は『武士道』の著者で国際連盟事務次長だった新渡戸稲造《にとべいなぞう》で、満州鉄道副総裁の松岡洋右《まつおかようすけ》、新聞聯合社（聯合《れんごう》）専務理事の岩永裕吉《いわながゆうきち》、外交評論家の鶴見祐輔《つるみゆうすけ》ら錚々たるメンバーが参加した。松本は日本側の書記として参加したが、この時米側の裏方としてプリンストン大学を卒業したばかりのジョン・Ｄ・ロックフェラー三世が参加していた。戦後の日米文化交流の礎を築いた二人の初めての出会いであった。

会議では松岡洋右が「満蒙は日本の生命線」とぶち上げたのに対し、中国燕京大学の徐淑希《じょしゅくき》教授が徹底的に反論した。また、この会議をきっかけに松本重治は、新渡戸の知遇を得て妻花子と自宅での食事に招かれるようになった。その新渡戸は１９３１年の満州事変後に米国内の対日批判が猛然と高まると、松本重治をカリフォルニア大学の講師に送り込もうとする。新渡戸は対日移民排斥法制定以来、カリフォルニアが「日米関係のガンになる」と心配していたからだった。しかし、同大の評議会はこの派遣提案を否決した。

業を煮やした新渡戸は、対日移民排斥法に抗議して「二度と訪米はしない」という決意を翻して、1932年4月に米国への講演旅行に出発した。「太平洋の架け橋たらん」を信条とした新渡戸のやむにやまれぬ渡米であったが、米国では「新渡戸は変節して軍部の援護をしている」と批判されてしまった。この出発のため松本は横浜港へ見送りに行ったが、これが新渡戸との別れとなった。

世紀のスクープ「西安事件」

松本重治は新渡戸の見送りの帰り道に、岩永裕吉から「聯合に入って上海へ行ってもらえないか」と依頼される。岩永は京大卒で満鉄に入社し長春駅長をやった後、日本の対外発信のため立ち上げた小さな通信社を「聯合」にまで育て上げた人物だった。松本は京都での太平洋会議で岩永と出会い、横浜港での誘いがなければ上海にも行かず国際ジャーナリストにもなっていなかったと回想し、「歴史にも人生にも奇縁というものが少なからずある」と記した。

こうして松本は1932~38年まで上海支局長として、日中激動の最前線に立った。「聯合」は、1936年1月に「同盟通信社」となり、同年6月に電報通信社（電通）のニュース部門を吸収合併して名実ともに日本の代表通信社となった。日本に現在ある二つの通信社「共同通信社」と「時事通信社」の前身で、私は1972年に時事通信社に入社し政治部記者となった。「同盟」が誕生した１９３６年12月、松本重治は「西安事件」という世界的なスクープをものにする。同事件は、中華民国の国民党北東軍トップの張学良《ちょうがくりょう》（１９０１～２００１年）が、西安で同党主席の蒋介石《しょうかいせき》を監禁して、国民党と共産党の内戦を停止して抗日運動を優先するように要求した事件であった。

松本重治は西安事件のスクープについて、「緊張感や喜びは、今、振り返っても生々とよみがえってくる」と回想しているが、「蒋介石消息不明」の第一報が打たれたのは、１９３６年12月12日であった。第二報は「張学良の兵乱、蒋介石は監禁か」であった。事態急変を裏付けるように、上海市内は戒厳令下に入り、海外への電報送信も禁止された。このため、松本は南京政府の監視の目をくぐって以前より設置しておいた私設の「同盟ルート」で西安事件を伝え続け、世界的なスクープとなった。しかし、蒋介石の安否は確認のとれないまま海外メディアとの激しい取材が展開され、同盟上海支局も「蒋介石殺害される」の誤報を流している。実際、中国共産党は蒋介石殺害を検討したが、ソ連のスターリンの強い意向で立ち消えとなったといわれる。スターリンは「蒋介石を釈放しなければコミンテルンを除名する」と恫喝したとされるが、その意図は、蒋介石を解放し和睦することで共産党勢力を温存し、国民党と組み抗日戦を継続させることであった。

西安事件によって、共産党が派遣した周恩来《しゅうおんらい》と蒋介石の会談が実現して、国民党軍と共産党〝紅軍〟が「統一民族戦線」を結成するきっかけとなった。翌１９３７年7月に盧溝橋事件が起きると、中国全土は抗日で結束する。松本のスクープがいかに重要な意味を持つニュースであったか、その後の歴史が物語っている。戦後のマスコミ界において、「西安事件」スクープのような世界を揺るがすような日本人記者によるスクープはまだない。

水泡に帰した日中和平工作

松本のもう一つの大きな足跡は、1930年代における「日中和平工作」に関わったことである。抗日一辺倒の国民党内で数少ない〝中日和平派〟のリーダーであった汪兆銘《おうちょうめい》や周仏海《しゅうふつかい》らと極秘裏に連絡を取り合ったが、その裏には南京虐殺のような常軌を逸した日本軍を中国から早く撤収させなければならないという考えがあった。だが、結論を言うまでもないが、松本らが関与した日中和平工作は失敗し、水泡に帰した。

松本が和平工作に本格的に関与したのは1938年2月から9月まで、日本側の和平工作の中心人物たる犬養健《いぬかいたける》（1896～1960年）や近衛文麿首相らと連絡し、和平実現に尽力した。しかし、秘密保持のため密談場所が上海の不潔な安ホテルだったことから、松本は腸チフスにかかり危篤状態となり、社の命令で帰国した。日中和平工作はその後、1938年12月に汪兆銘が重慶を脱出して仏領ハノイへ向かい犬養健と会談するなどして続けられ、来日した汪兆銘は1940年3月に南京傀儡《かいらい》政権を樹立した。日中戦争をやめさせる協議に応じる人物は汪兆銘しかいなとの判断での工作だったが、傀儡政権は民衆の支持を得られず不発に終わり、汪は日本の敗戦が色濃くなる中、1

944年療養先の名古屋で病死した。

松本重治は、「同盟の仕事をしながら秘密工作に従事するのは薄氷を踏む様な緊張の連続であった」と述懐している。松本が日中和平工作で果たした役割は決して大きなものではなかったが、日中和平を期待したリベラル穏健派の中で松本の評価は高まったとされている。それを裏付けるエピソードが、松岡洋右《まつおかようすけ》外相が松本に駐米大使としてワシントン行きを打診したことだろう。しかし、松本は後戻りできなくなった軍国主義・日本に強い懸念を抱き要請を断ったという。

公職追放と「アイ・ハウス」

親米派であった松本は、連合国軍最高司令官総司令部（GHQ）の管理下で苦渋を味わう。松本は終戦直後に同盟通信社が解散すると政治評論新聞『民報』を創刊し、日本は軍国主義を一掃する必要はあるが、米国の属国となる必要はないとの論を展開した。「進駐軍」ではなく「占領軍」だと翻訳に注文を付けたりしたため、GHQから偏向的だと指弾され、『民報』は短命に終わった。しかも、聯合の上海支局長のあと同盟の編集局長を務めたことから、1946年から51年まで公職追放処分になった。

松本が復活したのは、1951年2月に日本との講和条約締結調査のため米国のジョン・F・ダレス特使が来日したことだった。特使一行の中に、太平洋会議で知り合ったロックフェラー三世が文化補佐官として来日した。反米感情が高まる中、ロックフェラー三世は日米文化交流を提案、松本はプロジェクトの日本側責任者となり、１９５２年に財団法人「国際文化会館」を立ち上げ専務理事に就任した。１９５５年には東京六本木の三菱財閥の岩崎小弥太邸だった美しい庭園のある跡地に宿泊施設、会議施設などを備えた会館を完成させた。名前は、松本がニューヨークで見たロックフェラー財団のインターナショナル・ハウスにちなんで「International House of Japan」、愛称で「I-House（アイ・ハウス）」と呼ばれるようになった。

　振り返れば、松本重治がとった行動と決断は、戦後の混乱の中にあって極めて野心的な挑戦であった。今なお国際交流の拠点として活動を継続している「アイ・ハウス」が積み重ねてきた知的交流や多文化交流が、グローバル化時代の日本の発信力と多国間相互信頼醸成の原点となっていることを忘れてはならないだろう。そして、松本重治は終始一貫して、〝戦う国際人〟であった。定めた目標のためにひたすら実践し続ける国際ジャーナリストであった。宮沢元首相は、そんな松本重治の回想録を愛読した。

1951 年、対日講和条約締結準備交渉のため来日したダレス特使一行のロックフェラー三世と松本重治（出典：Wikipedia）

フォト・ジャーナリズムの先駆者：名取洋之助

キラ星に囲まれた青年

私は十年以上前に対外発信のための多言語発信サイトを立ち上げた。その時、サイト名を「nippon.com」（ニッポンドットコム）と名付けた。日本の大手企業の米国内のある支店がドメインを保持しながら未使用だったことから、交渉で貸与してもらうことが可能になったからだった。そして、もう一つ「ニッポン」という名前に拘《こだわ》った大きな理由は、戦前日本のフォト・ジャーナリズム（報道写真）の先駆者である名取洋之助《なとりようのすけ》（1910〜62年）が海外向けに創刊した伝説的な季刊グラフ誌の名称が『NIPPON』そのものであったことだった。

日本ではまだ独立した写真家が極めて少なかった時代の1934（昭和9）年に創刊された『NIPPON』は、写真を多用したグラフィックな表現と質の高いレイアウトを駆使した「四六四倍判」の豪華本で、当時の出版界にかなり大きな衝撃を与えた。「日本で初めて報道写真に場を与えた」と評価された名取洋之助のもとには、戦前からの写真界やデザイン界の実力者が集まった。名取洋之助24歳の時である。主だっただけでも、写真家の木村伊兵衛《きむらいへい》（1901〜74年）、土門拳《どもんけん》（1909〜1990年）、藤本四八《ふじもとしはち》（1911〜2006年）、デザイナーの原弘《はらひろむ》（1903〜86年）、河野鷹思《こうのたかし》（1906〜99年）、亀倉雄策《かめくらゆうさく》（1915〜97年）、美術評論家の伊奈信男《いなのぶお》（1898〜1978年）ら著名な名前がきら星のごとくに輝いている。

戦後も、名取が1948年に再起をかけて立ち上げた写真通信社「サン・ニュース・フォトス」で、漫画家の岡部冬彦《おかべふゆひこ》（1922〜2005年）や連載漫画『クリちゃん』で有名な根本進《ねもとすすむ》（1916〜2002年）らを育て、その後の『岩波写真文庫』刊行では映画監督の羽仁進《はにすすむ》らの異色の人材を育て上げた。しかし、名取の才能がいかんなく発揮された『NIPPON』は日本軍の対外宣伝工作のプロパガンダ誌と指弾されたため、戦後しばらくは〝戦争協力者〟の烙印を押され、鬼才と言われた名取の実績が顧みられることはほとんどなかった。再評価されたのは、1978年に東京池袋の西武美術館で開催された「名取洋之助の仕事＝大日本」展で、若い頃の私も展示に驚いたが、名取の戦中期の仕事は戦後世代に大きなインパクトを与えた。

札付きの不良少年

名取洋之助の父・和作は慶應義塾大学教授を経て東京電灯株式会社支配人などを務めた実業家で、

母・ふく子は三井財閥の大番頭であった朝吹英二《あさぶきえいじ》（１８４９～１９１８年）の娘であった。名取家は大正から昭和にかけての日本の典型的な富豪家族で、東京・高輪の２０００坪にも及ぶ豪邸に生まれた洋之助は色白の典型的な良家の子どもで母親にでき愛された。成人した洋之助は１８０センチの長身となり、やせ形の才気煥発な風貌になった。しかし、太宰治賞受賞作家の三神真彦《みかみまさひこ》が書いた渾身の評伝『わがままいっぱい名取洋之助』（筑摩書房）の表紙に掲げられた戦後の洋之助はふっくらとして柔和で、陽気な自由人という表情を浮かべている。

だが、名取洋之助は札付きの不良少年であった。最初に通学したのは森村市佐衛門《もりむらいちざえもん》が高輪に設立した森村学園小学部であったが、３年生の時に慶應幼稚舎に転校する。愛称「ナッペ」の人気者だったが、早熟で腕白だったことから成績は劣等生で、自ら「札付きの不良少年だった」と回想している。普通部に進んでも成績は低迷したが、大変な乱読家で世界文学全集から永井荷風、谷崎潤一郎、さらには母親の好きだった泉鏡花などの本が自室の書棚に並んでいた。築地小劇場へ足しげく通い、映画は新宿・武蔵野館、溜池の葵館へ入り浸り、普通部上級生になると銀座にたむろした。当時の銀座は大正デモクラシーを謳歌し、モガとモボ（モダンガールとモダンボーイ）の時代で、洋之助は大人びた行動を取るようになった。若すぎる銀座通だったが、やがて遊びの度が過ぎ、〝花街〟と言われた芳町《よしちょう》の待合に出入りし、早朝に慶應義塾普通部の制服姿で待合玄関から揚々と出ていく姿が目撃されている。このままでは予科から大学への進学は困難と判断した両親は「外国帰りなら日本で一目置かれる」と強引にドイツ留学を決めた。母親は留学先のミュンヘンまで一緒に付き添っているが、よほど心配だったのだろう。洋之助は「ドイツという流刑地」と評したが、１９２８年当時のドイツはワイマール共和国下の「黄金の20年代」と言われた絶頂期だった。ただし、その５年後にヒトラーによってワイマール共和国は死滅する。

名取洋之助の素顔（三神真彦著『わがままいっぱい名取洋之助』、筑摩書房）

妻エルナと「ライカ」

18歳で留学した洋之助は、国境を越えて行動力と閃《ひらめ》きの才能を開花させて行く。ミュンヘンの美術学校で商業デザインを学んだあと手織物工場の見習いデザイナーとして働く。そこで9歳7か月年上の製本デザイナー、エルナ・メクレンブルグと出合う。結婚したのは１９３０年、洋之助は20歳になったばかりだった。エルナこそ、半人前の洋之助を一人前にした女性であった。戦後、二人は離婚するが、エルナは日本に住み続け、友人として仕事のパートナーとして共に歩み、早すぎる洋之助の死を見届けている。

名取洋之助が写真の道に進んだのは、織物工場の同僚から現像などの写真技術を習得したからだ。

カメラは「ライカ」、レンズは「エルマーF３・５」。英国留学中の兄・木之助が首にライカを下げてミュンヘンに様子を見に来た際にそれを手に入れた。実際、欧州の写真時代は、顕微鏡や映写機製造の独ライツ社が１９２５年に発売した小型の「ライカＡ型」で一気に訪れた。日本での「ライカ」は世界最大のドイツ飛行船ツェッペリン号が１９２９年に日本へ立ち寄った際、船長がライカを持っていたことで人気が出た。現在、名取洋之助が使用したカメラの数々は、「日本カメラ博物館」（東京都千代田区一番町）で見ることができる。駆け出しのころのライカ、戦時中のローライフレックス、コンタックス、戦後のニコンとライカなど、自らを晩年に「不定期カメラマン」と呼んだ歴戦のカメラが陳列されている。

契機は「博物館火災」写真

チャンスは１９３１年６月のミュンヘン博物館の火災で訪れる。洋之助は生々しい火災写真を地元新聞社に持ち込んだが不採用となった。だがその後、エルナが火災現場近くを通りかかると展覧会に出品していた工芸家たちが焼け焦げた作品を掘り出している場面に出遭った。カメラ心のあったエルナがこれを撮影し、名取が物語仕立てにレイアウト編集してミュンヘンの週刊絵入新聞の「ミュンヘナー・イルストリアーテ」に持ち込むと幸運にも採用され思わぬ大金を手にした。初めての原稿料は５００マルク（当時の日本で２５０円に相当）で、名取洋之助は「こういう仕事があれば大体生活できる。これが自分の性格に一番適している」と、生涯の仕事を「ジャーナリストの写真家」と決めた。

これが契機となって名取洋之助は、ドイツ最大手の新聞雑誌出版社「ウルシュタイン社」の欧州最大の週刊グラフ誌の契約カメラマンに採用されベルリンに拠点を移した。そこには、米誌『ライフ』（『ＬＩＦＥ』）の創刊編集長となるユダヤ系ドイツ人クルト・コルフ（１８７６～１９３８年）やマーティン・ムンカッチ、ドクター・ザロモンなどの有名なカメラマンが働いていた。名取はフォト・ジャーナリズムについて「クライマックスを外したところに問題を捉える。アンチクライマックスの面白さを狙うのが週刊誌向けの報道写真だ」と語っている。そんな発想は当時の日本の写真界には皆無だった。

しかし、せっかく掴んだチャンスも時代に翻弄されていく。ワイマール共和国はナチスの台頭で風前の灯状態となり、東アジアでも１９３１年９月に満州の奉天近くの柳条湖で南満州鉄道の線路が爆破され、これを契機に満州事変が勃発した。翌32年1月には上海事変が起き、ウルシュタイン社は名取に日本の取材を要請、名取は〝ニッポン特派員〟として帰国し3か月間国内を猛烈に撮影取材した。それは、名取の報道写真家としての一生を決める重要な仕事となった。だが、１９３３年にヒトラー政権が誕生すると、名取のような外国人ジャーナリストはドイツ国内での仕事ができなくなった。

『NIPPON』創刊

帰国した名取洋之助は1933年8月に第一次「日本工房」を設立する。欧米からの仕事もままならなくなり、写真家兼編集者として日本での再出発を決意する。参集したのは当時高級な写真同人誌『光画《こうが》』のメンバーだった木村伊兵衛（写真）、伊奈信男（美術評論）と原弘（デザイン）、プランナーで俳優の岡田桑三《おかだそうぞう》（1903～83年）ら実力者たち。外部協力者として評論家の大宅壮一《おおやそういち》（1900～70年）、劇作家の高田保《たかだたもつ》（1895～1952年）らが集まった。目指したのは新写実主義で厳格なリアリズムの追求だった。

しかし、翌34年に銀座の紀伊国屋で意欲的な「報道写真展」を開催したものの、運営資金不足とメンバーの意見対立から1年足らずで「日本工房」は解散の憂き目を見る。木村や伊奈は「中央工房」を設立する一方、名取は「第二次日本工房」を再組織し、日本の文化や近代性を海外に発信する対外広報用の高級グラフ誌『NIPPON』を創刊した。同誌は「日本で初めて海外に誇れるグラフ誌」と評され、1934年10月の創刊から1944年9月まで約10年間に季刊で36冊を発行した。背景にはドイツ時代、日本からの印刷物があまりにも粗雑で文化的にも低レベルだったことへの名取の強い苛立ちがあった。創刊では、鐘淵紡績（現カネボウ）がスポンサー、印刷は共同印刷が担当し、英、仏、独、西4か国語で発行された大判グラフ誌『NIPPON』は極めて贅沢な豪華本となった。その後、名取は1935年に発足した外務省の財団法人「国際文化振興会」や陸軍から大きな財政的支援を得た。

また、『ＮＩＰＰＯＮ』には、後年〝名取学校〟と呼ばれる優秀な人材が集まった。筆頭は写真家の土門拳である。土門は徹底的にしごかれた名取と著作権をめぐって激しく対立、袂《たもと》を分かち日本の代表的な写真家となった。１９６４年の東京五輪ポスターで有名なデザイナー亀倉雄策をはじめ写真家の藤田四八、グラフィックデザイナーの河野鷹思や山名文夫らも参加した。『ＮＩＰＰＯＮ』は、名取が「一冊ごとに一軒の家作が消えた」と言うほど贅沢なつくりをして、足りない資金は実家から引き出した。

しかし、名取の描いた国際広報は日中戦争の泥濘化で大きく変質する。国家総動員法が１９３８年に施行されると軍部が暴走し、日本工房は39年に「国際報道工芸株式会社」と改称して軍部との協力関係を一段と深めた。名取は上海、南京、漢口で対中宣伝工作に駆けずり回り、次々と刊行した『MANCHOUKUO』、『SHANGHAI』、『KANTON』といった雑誌は〝謀略プロパガンダ誌〟と陰口をたたかれた。

名取洋之助が発行した「NIPPON」第１号の表紙（出典：日本カメラ博物館編『カメラとにっぽん』、国書刊行会）

米誌『ライフ』へのこだわり

戦後、中国から引き揚げた名取は戦時協力者として「公職追放該当者」に指名された。しかし、最終的に追放を免れた名取は１９４７年に写真通信社を立ち上げ、『週刊サンニュース』を創刊する。粗雑なカストリ雑誌氾濫の中、１年半で休刊に追い込まれたが、名取はかつての仲間の木村伊兵衛や原弘に「日本の『ライフ』を作ろう」と呼び掛けた。

そのこだわりは名取が１９３７年に陸軍嘱託として上海事変後の写真撮影を行っていた時、『ライフ』(同年10月4日号)に掲載された上海駅に置き去りにされ泣き叫ぶ赤ん坊の写真に衝撃を受けことにあった。名取は「日本はこれをやらなければ世界は味方してくれない」と声を上げたという。赤ん坊が必死の泣き叫ぶ姿は、上海事変のむごさを世界にアピールする決定的な強烈さを持っていた。

名取洋之助はそんな『ライフ』誌の表紙写真を2回飾っている。同誌の創刊は１９３６年で、名取の『NIPPON』の方が実は2年早く創刊している。しかも編集長のクルト・コルフは名取が最初に契約したドイツの「ウルシュタイン社」の雑誌編集長だった。『ライフ』は戦後絶大な影響力を持ち、１９７０年には全世界で８５０万部を売り上げた。しかも名取は、「日本の兵士」という写真で１９３７年11月に『ライフ』第2号の表紙写真を飾り、１９４０年には専属契約までしている。しかし、一方で、『ライフ』は１９３７年8月に名取や木村伊兵衛の写真をもとに「日本人——最も因習的な国民」という特集を組み、猛烈な対日批判記事を掲載した。『ライフ』で世界的に名の知れた名取洋之助としては忸怩《じくじ》たる思いがあったのではないだろうか。名取は『ライフ』の影響力の怖さを知っていたがゆえに、自国の文化や社会の在り方を世界へ正確にかつ魅力的に伝えることにこだわった。しかし、その『ライフ』もテレビ時代の到来に押され、2000年に二度目の休刊をして事実上その使命を終えてしまった。

ところで、人々に今でも戦争の悲惨さや残酷さを鮮烈に伝え続けている戦時下の子どもを撮影した有名な三枚の写真がある。その一枚は言うまでもなく『ライフ』の上海駅の赤ん坊のものである。もう一枚は、ベトナム戦争の1972年、南ベトナム空軍機によるナパーム弾投下に裸で逃げまとう9歳の少女のものである。米AP通信社から配信された『戦争の恐怖』と名付けられた写真は世界を震撼させ、1973年の米国ピューリッツァー賞（ニュース速報写真部門）と世界報道写真大賞を受賞した。「熱い。痛い」と叫ぶ少女の背中は重度の火傷を負っていた。その後、この少女は17回にも及ぶ皮膚移植手術を受け、現在はベトナム系カナダ人として国際的な反戦活動を続けている。

上海駅に置き去りにされた赤ん坊
（出典：Wikipedia）

もう一枚は報道写真ではない。1945年8月8日の長崎への原爆投下後に撮影された写真『焼き場に立つ少年』である。10歳くらいの少年が、口を固く結びながら目を閉じぐったりとした幼児を背負って一点を見つめ直立している。幼児は少年の弟で、すでに息を引き取っており、火葬（焼き場）の順番を待っている姿だといわれている。米人カメラマンが撮影したこの写真は、2007年に長崎市に寄贈され、長崎原爆資料館に展示されている。私も同資料館の出口近くの展示コーナーに掲げられた、決して大きくない『焼き場に立つ少年』を見た瞬間、ハッとしたあと佇んでしまった。ローマ教皇のフランシスコは2017年末に、この写真をカードに印刷し「戦争がもたらすもの」というメッセージを添えて世界各国の教会に配布させた。写真は抽象的な思想を表現することは苦手とするが、名取は現実世界を「生もの」としてストレートに伝える写真がいかに人間の心と感情に強烈な振動を与えるか体全体で知りつくしていた。

報道写真の先駆者

名取洋之助は戦後、中国や欧州を再訪し写真集『麦積山石窟《ばくせきざんせっくつ》』や欧州の教会取材から生まれた写真集『ロマネスク』などを出版した。その足場となったのが1949〜58年まで続いた『岩波写真文庫』の刊行で、全286冊を出版した。1959年には戦後初の欧州撮影旅行に出かけているが、この時マンガ家の岡部冬彦、根本進らを連れて漫遊した。しかし、1962年の4度目の訪欧で体調を崩し急きょ帰国、慶應病院に入院したが、戦時中に膵臓病の大病をしていたことや戦後のハードすぎる仕事が重なり、同年11月に胃がんのために死去した。52歳という若さであった。

戦後も日本に住み続けた前妻エルナは追悼会で「彼が人々に教え込もうとしたのはピクチャ・ジャーナリズムやグラフィックの芸術の明快さであった。それに一生を賭け、自分の肉体と時間と財産を費やした」とあいさつし、冥福を祈った。戦争に翻弄されながら国境を越えた国際人の波瀾万丈の人生であった。

名取洋之助は死後に出版された『写真の読みかた』（1963年）の中で、写真は組み写真によって写真の内容とは別のストーリーを作り出すことができるだけでなく、写真は極端な感情的反応を引き起こしやすいイメージであると指摘している。独裁者ヒトラーは第1次世界大戦以来の戦友であるカメラマン・ホフマンにだけ自分の写真を撮らせた。その特徴は、常に独裁者の胸より低いところからの撮影アングルで、それは「仰ぎ見るヒトラー」像を演出するためであった。写真はモノに忠実な記録ではあるが、異常なものや尋常でないものをその映像だけで浮かび上がらせることは極めて困難である。

名取は、戦前から報道写真の国際的な最前線で先駆者として激動の世紀を生きた。しかし名取は世の中に既成概念に引き回された「写真の嘘」があることを、歴史的なグラフ誌『NIPPON』出版を通じた対外宣伝工作の中で、身に沁みて感じていたのではないだろうか。

12章

日米の懸け橋

都立園芸高校で行われた「ハナミズキ寄贈100周年」記念式典（筆者撮影）

通商立国の先駆者〝モリムラ・ブラザーズ〟の活躍

「森村組」から生まれた日本陶業トップメーカー

越境をめぐる物語の最後は、日米関係の未来へ向けた「懸け橋」をめぐる3つの話である。

新紙幣が2024年から一新されることになり、新1万円札の肖像には〝日本資本主義の父〟と言われる実業家の渋沢栄一《しぶさわえいいち》（1840～1931年）が選ばれた。渋沢が創業・発展に関係した企業は約500社、関係した公共事業は600に上る。まさに、渋沢は明治維新後の日本の経済システムを構築するとともに、国の新しい仕組みを作り上げたオーガナイザーだったと言える。一方、あまり知られていないが、それと並行して日本の新しい指針となった「通商立国」のため、最前線の米国ニューヨークで悪戦苦闘しながら道を切り開いた日本人の先駆者たちがいた。それを主導したのが森村市左衛門《もりむらいちざえもん》（1839～1919年）と弟の豊《とよ》による〝モリムラ・ブラザーズ〟であり、実業家・佐藤百太郎《さとうももたろう》（1853～1910年）に引き連れられて〝商業実習生〟として米国に乗り込んだ「オーシャニック・グループ」の若き青年たちであった。

幕末の諸外国との不平等条約のもとで直接的な輸出をめざし果敢に挑戦した日米貿易の先兵たち、それは日本人国際ビジネスマンの先駆けに他ならなかった。冒険心に富み、負けず嫌いで、粘り強い若者だったが、そのことは現代日本社会に遠い昔となっている。学校の教科書や副読本にはわずかしか出てこない。彼らが活躍した時代は、現代の米国主導の世界を築いていく極めて重要な原動力の時代であった。南北戦争（1861〜65年）から1890年までの「金ぴか時代」（Gilded Age）と呼ばれた時代で、日本からの挑戦的な青年たちは、米国の主要産業と技術力を躍進させた新しいグローバルな競争世界へ飛び込んでいった。

白髪白髯《はくぜん》の森村市左衛門は、渋沢栄一と行動をすることが多かった明治・大正期の実業家だが、森村が作り上げた企業は今でも有名な大企業ばかりである。日本トップの陶業メーカー4社である。

その源流は、硬質白磁のディナーセットを作り出した「日本陶器」で、一般的には〝ノリタケ〟のブランド名で知られている。さらに、関連企業でセラミックス製造を主力とする「日本碍子」（日本ガイシ）、衛生陶器の「東洋陶器」（TOTO）、自動車などのスパークプラグで有名な「日本特殊陶業」で、いずれも日本だけでなく世界的なトップメーカーである。

森村市左衛門（出典：日本工業倶楽部編『会員追悼録』）

運命を変えた福沢諭吉との出会い

森村市左衛門のルーツは、静岡県森村（現菊川市）だが、先祖は江戸へ出て旗本出入りの馬具商となった。地元の森村は〝塩の道〟の要地であり、「遠州馬《えんしゅう》」の産地だったことから、江戸・京橋で馬具商の老舗《しにせ》となった。やがて土佐藩の江戸藩邸に出入りし、同藩の「御用商人」となる。さらに、森村市左衛門は1859（安政6）年に横浜港が開港されると、さっそく横浜に出かけ外国の商品を買い入れ江戸で売りさばく〝唐物商〟として大儲けした。やがて中津藩（大分県）の江戸藩邸に出入りし、同藩家老の紹介で福沢諭吉（1835～1901年）の知遇を得る。この出会いこそがモリムラ・ブラザーズ誕生の重要な起点となり、その後の福沢の支援によってモリムラ・ブラザーズは日米通商史に大きな足跡を残すこととなった。

福沢は1860（万延元）年に日米修好通商条約の批准書交換のため「咸臨丸《かんりんまる》」で渡米した。しかも、正使である新見正興《しんみまさおき》・外国奉行の親類が「森村組」のお得意様だったことから、森村市左衛門は使節団の外貨の調達（両替）、衣服、土産などの準備を命じられた。咸臨丸には指揮官として勝海舟、通弁（通訳）として中浜万次郎らが乗り込んだ。森村市左衛門は渡米を支援することにより、欧米社会の実情を見聞し明治の新しい国づくりの青写真を描いた福沢に多くの教えを受けた。福沢が1866年に著した、欧米5か国の実情と西洋近代文明の思想や原理を紹介した『西洋事情』はベストセラーとなっている。

佐藤百太郎の勧誘で弟・豊が渡米

しかし、馬具商としての森村市左衛門は順風満帆だったわけではなく、新規事業の失敗の連続で家業を傾けてしまう。残ったのは銀座四丁目に開業していた洋品店「モリムラ・テーラー」だけだった。この時、森村は横浜での経験から外国商人や商館を通してではなく、日本人による「直《じき》輸出」の重要性を強く意識し、外国貿易に活路を見出そうと決意する。その表れが異母兄弟で15歳年下の弟の森村豊（１８５４～99年）を福沢の慶應義塾に入学させ商法などの実学を学ばせたことだった。豊は１８７４年に慶應義塾卒業後、助教となった。

ちょうどその頃、森村市左衛門は福沢から豊を米国留学させるように説得された。理由は、佐藤百太郎が米国で働く「商法実習生」にふさわしい日本の若者を探すために一時帰国したためだった。佐藤は１８６７（慶応３）年に14歳で単身渡米し大学まで進学して商業を学び、ニューヨークに輸入品店を開設した立志伝的人物である。彼は、日本から茶、陶器、漆器などを輸出し、米国から製造機械を輸入した日米貿易のパイオニアであった。佐藤は日本の「百貨店の父」とも言われ、米国の日本領事も務めた。

しかも、佐藤百太郎は順天堂を創設した佐藤尚中（１８２７～82年）の長男で、横浜でヘボン式ローマ字の考案者であるジェームス・ヘボン（１８１５～１９１１年）の妻が開いた塾で英語を習い、いち早く西欧文明の重要さに着目した日本人であった。１８７１年には岩倉具視を団長とする訪米使節団一行の通訳として随行した。

福沢の強い勧めと市左衛門の積極的な支援で森村豊の渡米が実現する。豊は商法実習生として1876年4月に米商船「オーシャニック号」でニューヨークに向かった。豊を含む青年5人は乗船した商船名から「オーシャニック・グループ」と呼ばれている。世界の中心都市ニューヨークはもともとオランダの植民地だった。大型船の航行が可能なハドソン川があり、エリー運河で五大湖とつながる。現在のニューヨークの原形は南北戦争から第1次世界大戦までに出来上がったが、実力主義による適者生存の街は日本からの若者たちの企業家精神に大きな影響を与えた。渡米直前、市左衛門と豊は覚悟を決めて銀座の「モリムラ・テーラー」の事務所の一角に貿易商社「森村組」を設立した。

「オーシャニック・グループ」の5人

「オーシャニック・グループ」は、1876年以降の日米貿易草創期において民間ビジネスマンとして大きな土台を築いたパイオニアだった。渡米した5人とは、森村豊（森村組）、新井領一郎（日米生糸貿易の創始者）、鈴木東一郎（丸善）、伊達忠七（三井物産）、増田林三郎（狭山茶の輸出）である。彼らは、ニューヨークで貧しい共同生活を送りながら、「イーストマン・カレッジ」（商業学校）で商法などビジネスの実践を学び3か月で卒業した。

予備知識も少ないまま彼らが降り立った米国は、南北戦争以降の急速な経済発展で産業、商業、交通革命が連鎖してビッグビジネスが台頭し、良くも悪くも「金ぴか時代」と呼ばれ、1890年まで高度経済成長を続けた。別の言い方をすれば、「金ぴか時代」とは、米国の主要産業と技術力を育てあげグローバル市場を開花させた時代であり、20世紀以降の米国の経済大国の地位を不動にした激動の時代であった。「オーシャニック・グループ」の青年たち5人はその荒波のまっただ中に飛び込んだと言える。

中でも、森村豊はイーストマン・カレッジを卒業すると、1876年末に日本製雑貨を扱う「日の出商会」を佐藤百太郎らと共に設立し果敢に活動を始めた。だが多額の借金で佐藤との共同経営は失敗し、豊は1878年に森村組ニューヨーク支店として「モリムラ・ブラザーズ」を設立した。森村市左衛門が日本で仕入れた商品を豊がニューヨークで販売する、兄弟による〝二人三脚〟の輸出貿易を本格的に開始するための貿易会社だった。

その主力商品は日本製雑貨で、当時のジャポニズムの風潮もあって「日本のモノ」は二束三文の商品でも米国では珍重され高額で売れた。しかし、そんな商売は長続きしない。そのことを察知した森村市左衛門は1880年に初めて訪米し、米国市場の実情とニーズをつぶさに視察、新たな需要に応えようとした。ニューヨークでは、森村豊が慶應義塾卒業生の村井保固《むらいやすたか》を〝右腕〟として、現地スタッフを大胆に採用し米国社会で信用を獲得していった。当時の日本製は「粗悪品」の代名詞であり、日米貿易の実態は生糸、茶、陶磁器輸出中心の「片面貿易」に過ぎなかった時代で、米国内で信用を得ることは容易なことではなかった。

生き残りをかけた「白色磁器」開発

モリムラ・ブラザーズの転機となったのは、「白色磁器」の生産であった。「異国情緒たっぷりの日本的商品の販売ではなく、これからは欧米の家庭用テーブルウェア（食器）などの実用陶磁を扱うべきだ」。ニューヨークの百貨店店主からそんな忠告を受けた市左衛門と豊は躊躇することなく方向転換した。1894年のことである。もちろん、当時の日本には上質の白色磁器をつくる技術はほとんどなかった。そこで注目したのが従来から「森村組」と取引のあった瀬戸焼の職人たちであった。

しかし、瀬戸焼の職人集団との「白色磁器」作りは試行錯誤の連続で、なかなかうまくいかなかった。日本の陶磁器は当時、生地が灰色がかり光沢もなく、しかも熱湯に弱いという欠点があった。このため、森村市左衛門は開発担当者に英国やドイツの陶磁器生産地を視察させるとともに、自身も豊とともに1889年にパリ国際博覧会（万博）を視察し、その帰途にフランスのリモージュ地方の磁器生産地を訪ね歩いた。万博はロンドンで第1回が開催（1851年）され、その後19世紀中葉から20世紀初頭にかけて西欧社会の経済社会に極めて大きな影響を及ぼした。1878年のパリ万博ではトーマス・エジソン（1847～1931年）の蓄音機が初めて登場し、モリムラ・ブラザーズが訪れた1889年のパリ万博（第4回）ではエッフェル塔が建設されている。

日本では戦後、1970年の大阪万博と2005年の愛知万博と2回開催され、2025年には大阪で3度目の万博が開催される。日本での万博開催は地域開発との結び付きが強いが、その中で、「自然の叡智」をテーマにした愛知万博は、人類共通の課題の解決策を提示する「理念提唱型」の万博として成功裏に閉幕した。その時、記念品（ノベルティー）として関係者らに配られたのが、「森の精」である〝モリゾーとキッコロ〟の真っ白な公式キャラクターの陶器であった。製作したのは、言うまでもなく日本を代表する「ノリタケ」であった。

しかし、この白色硬質の陶器の完成には、20年近い忍耐と苦闘の歴史があった。森村組が輸出用のコーヒー茶椀づくりを始めたのは1883年ごろで、白色磁器に向いた土を開発して「日本陶器合名会社」を設立したのは1904年のことであった。場所は愛知県愛知郡鷹場村大字則武《のりたけ》の地だった。しかも、今では骨董的価値が高いノリタケのディナー用の〝八寸皿〟が完成したのはそれから10年後の1914年。焼くと大皿の真ん中が変形してしまう技術的な欠点を克服するのは難題だった。

愛知万博閉会式で贈られた公式マスコット「モリゾーとキッコロ」（筆者撮影）

早すぎる身内の死と慈善事業

しかし、満足できる製品が完成した時、弟の豊はいなかった。在米23年、その間に42回も太平洋を横断した豊はハードな海外での仕事がたたり1899年に死去した。しかも森村市左衛門にとっては、豊だけでなく長男・明六を同じ年に亡くすという悲劇に見舞われている。明六は1893年に慶應義塾を卒業し、豊と同じようにイーストマン・カレッジに学び、モリムラ・ブラザーズで貿易実務を習得していた中での死であった。

悲嘆に暮れた森村市左衛門は、社会貢献のための団体を立ち上げ、「豊」と明六の「明」をとって「森村豊明会」と命名し、慈善事業や教育支援に多額の寄付を続けた。晩年の市左衛門は、渋沢栄一と一緒に全国の団体会合に引っ張り出される超人気者となったが、その理由は渋沢も森村も「私益」ではなく「公益」のために尽力し続けたからに他ならない。渋沢の「経済活動は、社会のためになる道徳に基づかなければ長く続かない」という言葉は、モリムラ・ブラザーズの精神そのものでもあった。

さらに市左衛門は、女子教育の振興のため日本女子大学創設を支援するとともに、東京・高輪の自邸内に幼稚園と小学校を開校した。今の「森村学園」（横浜市緑区）の前身である。実直な市左衛門だったが、旦那芸と言われる「一中節」（浄瑠璃の一種）は玄人はだしと言われた面もあった。一方、市左衛門は1913年に仏教からキリスト教に改宗をした。50歳を過ぎたころ米国からの帰還船の中で慎み深い霊感を感じたからとされ、それ以降、森村は商売を含めてあらゆる面で大胆にかつ気長に対処できるようになったと回想している。財界では数少ない男爵になった森村市左衛門は、波乱に富んだ若き日と日米通商の懸け橋としての多くの業績を残しながら1935年に80歳で死去し、青山墓地に埋葬された。

残念ながら、米国は第2次世界大戦に先立って1941年7月、日本の在米資産を凍結するとともに日本からの製品の輸入も禁止した。このため在米のモリムラ・ブラザーズの組織（森村組）は資産没収で閉店に追い込まれ、65年にわたる日米間の通商活動に終止符と打った。森村組は戦後1年目に「森村商事」として再出発したが、ノリタケの陶磁器を商品として扱うことはできなくなっていた。同族の日本陶器が米国に自前で進出してノリタケカンパニーを設立し直接販売を始めたからだった。渋沢の1万円札登場とともに、「モリムラ・ブラザーズ」の存在に新たな光が当たるかもしれない。森村市左衛門の根本精神は「独立自営」で、「富は万人のために作る」であった。

ポトマックの「桜」と世田谷の「ハナミズキ」

日米交流の象徴

桜の開花は例年早まる傾向にあるが、新型コロナウイルスの感染拡大で2020年の花見は自粛となり、さらに政府主催の「桜を見る会」も過去数年の不祥事から開催見送りで、桜にとっては受難の年となった。しかし、江戸幕府の8代将軍徳川吉宗が隅田川東岸に植えた「墨堤《ぼくてい》桜」が多くの桜守の努力で現代に受け継がれているように、いまから100年以上前に米国の首都ワシントンのポトマック河畔に日本から贈られた「桜」と、その数年後に返礼として米国から寄贈された東京・世田谷の「ハナミズキ」は日米交流の象徴として今でも多くの人々を和ませている。

「ポトマックの桜」のもとで毎年3月27日から繰り広げられる全米桜祭り（National Cherry Blossom Festival）は今や多くの観光客を集めるワシントンのビッグイベントとなっているが、日本から桜が贈られたのは1912（明治45）年のことであった。発端はそれよりも四半世紀前、日本の桜に魅せられた米国の地理学者で著作家であったエリザ・シドモア女史（1856〜1928年）の提案によるものであった。その提案に応えたのが尾崎行雄東京市長（当時）で、全米桜祭り開幕日の3月27日は日本からの桜の記念植樹が行われた日にちなんでいる。第2次世界大戦中には、米国内に「敵国の桜なんか切っちまえ」との強硬論が轟然と湧き起ったが、それでも「ポトマックの桜」は百年以上生き残った。

一方、米国からの「ハナミズキ」は1915（大正4）年に桜寄贈の返礼として当時のタフト米大統領から寄贈されたものである。日本への苗木は全部で60本だったが、現在日本に残っている苗木から育った米国産ハナミズキはたったの1本しかない。その場所は、東京都世田谷区深沢にある「都立園芸高校」の敷地内である。同校の正門から続く立派なイチョウ並木から少し離れたところに白い花をつける「ハナミズキ」がある。通常より背の高い8メートル超の貴重な成木は、5月頃になると十字の白花を咲かせ存在感をアピールする。

ポトマックの桜（出典：Wikipedia）

原点はエリザ・シドモア女史

例年、全米桜祭りシーズンとなると、ワシントンの書店や美術館の売店にうず高く積み上げられる絵本や伝記本がある。その主人公は「ポトマックの桜」の生みの親となったエリザ・シドモア女史である。彼女は、ワシントンの権威あるナショナル・ジオグラフィック協会の最初の女性理事となった地理学者で、著述家、写真家でもあった。というより19世紀末に日本を愛した先駆的な女性ジャーナリストだったといえよう。

エリザは外交官の兄に同行し世界各地を訪れ、1884（明治17）年に初めて来日した。その時エリザを魅了したのが満開の「墨堤桜」であった。「サクラをポトマック河畔に植えたらどんなに綺麗だろう」と思ったエリザはワシントンに戻ると、翌年から「日本のサクラを植える運動」を一人で始めた。植樹の場所として選んだのが、米陸軍が管理し埋め立てたポトマック河畔タイダルベイスンだった。

しかし、提案は何度も無視され、植樹が実現したのは実に24年後のことであった。その間に米国の大統領は6代も交代していた。実現への転機となったのは、エリザが出した手紙が、タフト大統領（1857～1930年）の夫人ヘレンの目に留まったことだった。大統領夫人は夫がフィリピン民生長官時代に来日し、咲き乱れる東京の桜に魅了されていたことから提案を後押しした。すると間もなく大統領夫人の意を受けペンシルベニアの植物養育園から日本のサクラ90本の輸入が発注された。

最初の桜はすべて〝焼却処分〟

この動きを素早くつかんだニューヨークの日本総領事館は「受け取っていただけるのなら2000本の桜を寄贈したい」と大統領夫人に申し出た。その功労者はシドモア女史と知り合いだった水野幸吉総領事であった。日露戦争の時、在外の邦人保護に尽力した外交官で、米国がポーツマス講和条約締結で日本を支援してくれたことに恩義を感じていた人物であった。

水野総領事は1904年4月、ワシントン出張の際にシドモア女史と会談したが、その場には当時ニューヨーク在留邦人の中心的人物であった高峰譲吉博士（1854〜1922年）が同席した。高峰博士はデンプンを解剖する酵素「カタジアスターゼ」の発見や止血剤として使われる「アドレナリン」開発で成功した科学者兼実業家であり、米国で巨万の富を築いた日系人社会の実力者であった。高峰が関与したことで、シドモア女史の「ポトマックの桜」構想はいっ気に動き出した。日本国内でも、尾崎行雄東京市長が1906年に桜寄贈関連予算を決定した。尾崎も日露戦争終結で日本が米国の外交的努力に世話になったとの感謝の念を持っていた。

しかし、1910年1月に日本から米国に送られた最初の桜の苗木は、長い航海のため病虫に侵され、米国に到着したものの港湾での防疫検査ですべてが焼却処分されてしまった。だが、尾崎市長は諦めることなく病虫害に強い桜の苗木の確保を指示した。その結果、荒川堤で採取されたソメイヨシノをはじめとする「五色桜」などを穂木《ほぎ》として、兵庫県伊丹市東地区の桜の台木《だいぎ》に接ぎ木した害虫に強い苗木が作られた。ポトマックの桜が〝伊丹育ち〟といわれる由縁がここにある。

一年以上かけて育てられた桜の苗木6040本は1912年2月に横浜港を出港しワシントンに無事に送られ、同年3月27日にポトマック河畔で記念植樹が行われた。シドモア女史、タフト大統領夫人らが臨席したが、再挑戦で搬送された桜は一本も病虫害に侵されることはなく、米側の検疫官を驚かせたという。日本からの桜は12種類で、現在は「ソメイヨシノ（染井吉野）」と「カンザン（関山）」が多くを占めている。ワシントンの桜はその後も増え続け、ポトマック河畔だけでなくワシントン記念塔周辺やイーストポトマック公園まで桜の景色が広がり、春になると首都ワシントンをピンクの花が埋め尽くしている。ちなみに、伊丹市の東野には「里帰りの桜」がある。日本から桜が寄贈された90周年に当たる2003年に、ワシントンの桜の苗木がその記念として伊丹市に贈呈されたものである。

「全米桜祭り」は今や、毎年70万人以上が参加する大きなイベントとなっている。3月末の土曜日の「ファミリーデー」から2週間開催される。人気の「スミソニアン凧揚げ大会」も祭りの最終週の週末に行われている。また、「全米桜祭り」の一環として在米日本大使館やワシントン日米協会などが主催しているストリートフェスティバル「さくらまつり」も好評で、米国における日本文化の最大のイベントとなっている。新型コロナ禍で２０２０年はできなかったが、在米日本人社会が地元と一丸となって長期計画を立て実施する大事な交流の場となっている。

返礼で寄贈されたハナミズキ

「ポトマックの桜」は比較的よく知られた話だが、桜寄贈の返礼としてタフト大統領が１９１５年に日本に寄贈した「ハナミズキ」についてはあまり知られていない。米国から寄贈された「ハナミズキ」の苗木は全部で60本。しかし、現在、日本国内に残っている寄贈苗木から育った米国生まれの原木はたったの1本しか残っていない。その場所は、世田谷区深沢にある「都立園芸高校」の敷地内だ。同校は１９０８年に日本初の園芸専門の教育機関として設立され、現在約10万８０００平方メートルの広大な校地に多種の樹木、庭園圃《ほ》場、果樹園、農場などを備えている。

どうして都立園芸高校なのか、経緯は次のようなことだ。米政府代表として植物学者スウィングル博士が１９１５年4月に来日し、ハナミズキ60本の苗木を日本政府に寄贈した。内訳は白花が40本、ピンク花が20本で、白花40本が東京市に手渡された。白花の苗木は日比谷公園、小石川植物園など16か所に分植され、２本が都立園芸高校に植樹された。創立１００年を超えた同校はいま人気の園芸高校だが、初代校長となった熊谷八十三《くまがいやそぞう》（１８７４～１９６９年）がワシントンへの病虫害に強い桜の育苗に尽力した人物であったことから同校に寄贈された。桜の育苗当時、熊谷は静岡市興津にある農林省農事試験場の技師をしていた。だが、戦後もかなり経過した1990年に全国的な調査をした結果、返礼のハナミズキの「原木」の多くは枯れ、行方不明も多く、存在が確認されたのは同校内の2本だけだった。しかもその1本は1996年の台風で倒れ枯れてしまった。

ハナミズキ（英語では〝dogwood〟）はアメリカが原産で、漢字では「花水木」と表記される。その花名はミズキ科の仲間で花が目立つことに由来する。4～5月頃に花を咲かせ、その花は十字形に広がる。日本の街路樹としてはイチョウに次いでハナミズキが多く、確かに全国各地に「ハナミズキ通り」がある。その理由は、イチョウやポプラに比べ大きくならず、しかも病害虫がつきにくい。桜開花の後の5月に花が咲き、そのあとは葉が大きく茂るので日陰を作り、手入れも簡単で根が張って道路のアスファルトを破損することもないからだ。ハナミズキの街路樹は100年前の原木寄贈によって全国に広まったというわけだ。

キャロライン・ケネディ大使の訪問

さらに言えば、キリストが磔《はりつけ》になった時、その十字架に使われた木材がハナミズキだったという。確かに、日本でもその堅い材質から串を作ったりしているが、キリスト教徒にとってハナミズキはとても象徴的で大事な樹であって、背がそれほど高くならないのは「二度とハナミズキが十字架に使われないように」との信者の思いがこもっているからだという。また、ハナミズキの英語の花言葉は「永続性」「耐久性」を意味し、日本の花言葉では「答礼」、「私の思いを受けてください」を意味する。ハナミズキには日本からの桜寄贈に対する米側の強い感謝の気持ちがこめられている。

さらに、寄贈から百年目の２０１５年4月、キャサリーン・ケネディ駐日米大使（当時）が都立園芸高校を訪問し、同校主催の「ハナミズキ百年祭」に出席し、記念植樹した。大使は式典で全校生徒を前に「日米の最高の園芸技術の証しをこの目で見たことを嬉しく思う」と述べ、ハナミズキを大事に育ててくれたことへの謝意を表すとともに、日米交流の大事さを強調した。しかも、大使の異例の訪問を記念して日本郵便は日米同時で「ハナミズキ寄贈１００周年」記念切手を発売した。同校内に特別に設置された出張郵便所で先行販売され私もセットで購入した。日米同時発売は日本郵便として初めての試みでもあった。記念切手は82円切手（当時）10枚組で、構図は「サクラと国会議事堂」、「ハナミズキと憲政記念時計塔」などだったが、この中には米国郵便公社（ＵＳＰＳ）がデザインした「サクラとリンカーン記念館」、「ハナミズキと米国連邦議会議事堂」の２種類の切手が含まれて

都立園芸高校で記念植樹するケネディ駐日大使（筆者撮影）

ハナミズキ 100 年祭の記念品（筆者撮影）

いた。日米同時発売だけでなく、日米デザインのコラボレーションも初めての試みで、記念切手には通常より多い「6色」が使われたがそれも異例のことだという。式典で日本郵便社長から記念切手の入った額を手渡されると、ケネディ大使は満面の笑みを見せた。

横浜外人墓地の〝里帰り桜〟

「ワシントンの桜」にはまだ事後談がある。シドモア女史は、桜並木の実現だけでなく1896（明治29）年の「明治三陸地震」の際に甚大な被害を出した被災地を訪問し、雑誌に特別寄稿し世界に大地震の惨状を訴えた。「TSUNAMI（津波）」という言葉を初めて海外に伝えたのもシドモア女史だったといわれている。シドモア女史は、日本滞在中に人力車で全国各地を巡り、鋭い観察眼で明治中期の日本の実相を生き生きと映し出した紀行記（『シドモア日本紀行　明治の人力車ツアー』、講談社学術文庫）を残している。自然と共に生きる日本の伝統や日本人の優しい心を描いたシドモア女史は1928年11月にジュネーブで死去したが、いまはシドモア・ファミリーとともに横浜山手の外人墓地に眠っている。

エリザ・シドモア女史の兄ジョージは横浜総領事を務めた外交官だったが、同居していた母親が1916年に亡くなると横浜山手の外人墓地にシドモア家の墓を作った。その兄も独身のまま6年後に死去し同じ墓に埋葬された。エリザもまた独身だったためジュネーブで死去すると、翌年、その死を惜しむ日本政府の配慮で母と兄が眠るファミリーの墓にエリザの墓銘が刻まれた。さらに、1991年にポトマックの桜から育てた苗木5本が外人墓地のシドモア家の墓の傍らに植えられ、この里帰りの桜は「シドモア桜」と名付けられている。

一方、ハナミズキも2000年に、タフト大統領の孫にあたるロバート・タフト・オハイオ州知事（当時）が「第二世代」に当たるハナミズキ150本を日本に寄贈し、そのうちの2本が都立園芸高校に植樹された。さらに、前述のようにケネディ大使も同校の「ハナミズキ百年祭」に新種のハナミズキを自ら植樹した。これは米国からの第三世代のハナミズキで、第一世代から第三世代まで揃っているのは同校だけしかない。

歌手の一青窈さんが込めた想い

新型肺炎コロナウイルスのパンデミック（世界的流行）は21世紀初頭の最大級の出来事になるだろうが、桜はそんな大騒動と関係なく美しく咲き誇り、5月頃にはハナミズキが白やピンクの花を咲かせる。二つの花はまさに日米交流の絆の象徴のようなものだが、最近、韓国や中国は「全米桜祭り」をアジア系の大きな行事として位置づけるようにと主張している。特に韓国はソメイヨシノが日本産でなく韓国が源流であると働きかけているようだが、そうした外交的な駆け引きは花をめでる人々には関係ない。

ハナミズキにはもう一つのエピソードがある。日本の高校用外国語教科書「Genius English Communication Ⅱ」（大修館）に、日米交流の象徴としての「サクラとハナミズキ」の話とともに、女性歌手で作詞家の一青窈《ひととよう》さんの２００４年に大ヒットした「ハナミズキ」のことが紹介されている。歌詞は、

「♪薄紅色の可愛い君のね　果てない夢がちゃんと　おわりますように♪」

「♪君と好きな人が　百年続きますように♪」と続く。

この歌には２００１年９月11日の〝米国同時多発テロ〟に巻き込まれて死んだ友人への一青窈さんの痛切な思いが込められている。しかもその友人には可愛い子どもがいた。切なさは計り知れないものだったという。教科書には和訳すると次のように書かれていた。

「『ハナミズキ』は２００４年にリリースされてから、日本ではポップソングとしてよく知られるようになった。しかし興味深いことに、一青窈さんが歌詞の中に平和へのメッセージを込めていると気づいた人はほとんどおらず、単なるラブソングであると信じている」と。

一青窈さんの歌は単なるラブソングではなく、平和への強いメッセージが込められていた。日米交流の象徴である「ハナミズキ」は、この歌によって親善や友愛からさらに平和を願う象徴になった。キャロライン・ケネディ大使を迎えた都立園芸高校の「ハナミズキ百年祭」は最後に一青窈さんの歌「ハナミズキ」と校歌を全校で斉唱して閉幕した。

二つの戦いを生きた日系2世　ダニエル・イノウエ

日米関係の恩人・イノウエ夫妻の死

ハワイ日系2世で、米連邦議会で50年近く民主党上院議員を務めたダニエル・ケン・イノウエ（1924～2012年）氏が亡くなってから10年が経過した。その当時、オバマ大統領は「真の英雄を失った」と心からの追悼声明を発表した。しかし、日米両国の大きな橋渡し役をした〝巨星〟イノウエ元議員の穴を埋める後継人材はまだ見当たらない。同じ日系2世として初めて商務長官と運輸長官の閣僚を歴任した民主党のもう1人の重鎮ノーマン・ミネタ（1931年～）元議員も政界を引退して久しい。すでに4世、5世の時代であり、日系というよりは「アジアン・アメリカン」の意識が強く、日本へのアイデンティティーは薄れている。

しかも、イノウエ氏の後妻で2011年の東日本大震災の復興支援の一環として日米次世代リーダー育成の「トモダチ・イニシアチブ」を推進した夫人のアイリーン・ヒラノ・イノウエさんも2

０２０年４月に悲しみのうちに病死した。アイリーンさんはロサンゼルス出身の日系３世で、同地の日本人街リトル・トーキョーにある国立の全米日系人博物館の初代館長であった。私は、ワシントンでの日米安全保障関係シンポジウム（２０１１年９月）と東京での国際交流基金賞の式典（12年10月）で二度、イノウエ議員にお会いした。簡単な挨拶をすることしかできなかったが、夫人のアイリーンさんには同賞受賞の機会に単独でインタビューもさせてもらった。夫人は第２次世界大戦で精強な日系人部隊「第４４２歩兵連隊」の一員として戦功を上げたダニエル議員のことを何気なく語ってくれたが、片腕をなくしながら米国のために戦い、戦後は日米のために尽力したダニエル・イノウエという存在について「忘れてはならない」とつくづく思った。

第442歩兵連隊時代のダニエル・イノウエ（出典：Wikipedia）

　共和党のトランプ前大統領が掲げた「米国第一主義」は２０１６年以降、日本や西側諸国との同盟関係を悪化させてきた。しかも、アジアにおける中国の軍事的海洋進出に加えコロナウイルス禍で一気に過熱した米中対立のため、今や「日米同盟」は極東の安全と繁栄のためだけでなく「世界の中」の同盟関係としての重要性が一段と高まっている。だが、安倍晋三前首相とトランプ前大統領の〝親密な関係〟にもかかわらず両国をつなぐ人的パイプは近年、政財界、民間とも先細りしているのが実情だ。２０２０年は日米安保締結60年の節目の年であったが、米国はいまや日本にとっては唯一の同盟国であるだけではなく、激動する国際情勢の中で信頼できる唯一の「グローバルパートナー」となっている。そのためにも、ダニエル・イノウエ元議員が永年積み上げたような日米人脈の再構築に向けて、新たな歩みを始めなければならない。

恐怖の真珠湾攻撃

ハワイを震撼させたオワフ島の真珠湾攻撃があったのは、1941（昭和16）年12月7日午前7時55分（日本時間同月8日）だった。ダニエル・イノウエが17歳の時で、自伝の中で「祖国とアメリカが戦うことに恐怖を感じた」と回顧している。日本軍の爆撃はヒッカム飛行場などホノルルの40か所に及び、戦艦「アリゾナ」など艦艇5隻が撃沈され、死傷者は死者2400人を含む約3500人にのぼった。日本の大本営より機動部隊への攻撃命令の電信は「新高山登レ一二〇八《ひとふたまるはち》」で、新高山は日本領だった台湾の山（現玉山）で、当時の日本の最高峰（3952m）だった。しかし、日本政府からの開戦通告は駐ワシントン日本大使館の手違いで攻撃から35分後となり、〝奇襲攻撃〟の汚名を着せられた。ルーズベルト大統領は、翌8日に「汚辱の

Japan Times & Advertiser
EVENING EDITION
WAR IS ON!
JAPAN'S NAVY PLANES ATTACK HAWAII, SINGAPORE, DAVAO, WAKE, GUAM ISLES
Imperial Rescript
GREAT SUCCESSES REPORTED IN ALL AREAS RAIDED IN NAVAL ANNOUNCEMENT

日本軍の真珠湾攻撃を伝えた英字紙『Japan Times』（1941年12月8日付）の一面（日本新聞博物館、筆者撮影）

日」(Day of Infamy)と名付けて日米戦争に突入した。当時、ハワイの日系人は約16万人で、ハワイの全人口の約40％を占め、米本土には十数万人の日系移民がいた。日本は開戦前に野村吉三郎《のむらきちさぶろう》特命大使と来栖三郎《くるすさぶろう》大使をワシントンに派遣し、最後の日米関係修復に尽力した。そのニュースを聞いて、ダニエル・イノウエは「少し気を取り直した」と回想しているが、それから間もなくして真珠湾攻撃が行われた。それだけにイノウエは、奇襲攻撃をする日本の軍用機を見上げ「馬鹿ども」と叫ばざる得をえなかったという。歴史家であるエドウィン・ライシャワー元駐日米大使は、「真珠湾攻撃に先立つ数週間前、米情報機関は来たるべき日本の攻撃の十分な確証をつかんでいた」と証言しているが、軍国化する日本はただひたすら戦争への道へ突っ走ってしまった。

日本からハワイへの移民は開国後の１８６８(明治元)年に海外渡航が解禁されてから始まっている。最初の移民は契約労働者として１５３人が入植、白人が経営するサトウキビ畑の労働者として送り込まれた。明治元年にハワイへ渡ったので「元年者」と呼ばれている。その後、中国移民の入国が制限されると、日本人が安価な労働力として大量にハワイへ流入した。１９００年には6万人を超え、ハワイ最大の民族集団となった。しかし、日清、日露両戦争に勝利し国際的な地位を向上させた日本が急速に帝国主義的な路線を強めると米国内に警戒感が強まり排日運動が盛んとなった。１９０８年には、日系労働者によるサトウキビ農園での大規模ストが起こったことから、「日米紳士協約」が結ばれ日本からの移民を抑制するため親族の〝呼び寄せ〟だけに限定された。そして、

1924年7月1日に「排日移民法」（通称）が制定され、日本からの移民は全面的に禁止された。ダニエル・イノウエが生まれたのは、まさに「排日移民法」制定の年であった。ただし、同法は日本人移民のみを排除するものではなく、各国からの移民受け入れも制限した。

ハワイは米西戦争後の1898年に米国に併合されているが、イノウエの祖父母が父親となる4歳の兵太郎を伴って福岡県八女郡横山村（現在の同郡上陽町）からカウアイ島に移民したのは1899年のことだった。実家の出火による弁済の資金稼ぎという苦しい移民への旅立ちだった。その後、米連邦議会は1900年にハワイを「準州」とする基本法を制定したが、日本人は中国人、朝鮮人とともに米国への帰化が認められない「帰化不能外国人」と規定され、初めから白人（ハラレ）社会から差別されていた。

背景には、日系人の多くがいつまでも日本国籍を保持し続ける「二重国籍」者であり、日本人学校などで日本帰属を最優先する教育に極めて熱心であったことがあった。実際、イノウエは在校生の大半が日系人で占めるホノルルの「マッキンレー・ハイスクール（高校）」に入学した。〝トウキョウ学校〟と呼ばれた同校は、「英語標準学校」というハワイの制度によって白人と分けられ、巧妙な人種隔離政策がとられていた。差別の中で、日系2世の青年たちは第10学年（高校1年）で学校をやめて就職するのが普通のパターンになっていた。イノウエは、自伝の中で「高校時代まで普段は靴を履いていなかった」と回想している。

やがて、日系2世の世代は1920年代になると、白人支配層から米国への忠誠を求められる「米化運動」の圧力を強く受けようになった。真珠湾攻撃に救いがたい絶望感を感じたと告白するイノウエにとっても、「パール・ハーバー」は立派なアメリカ人になりたいという日系2世たちの悲願を裏切った日であった。

「第442歩兵連隊」への入隊

日系2世たちにとって、アメリカ人として生きるための活路は「兵役」しかなかった。しかし、日米開戦とともにハワイ州兵だった日系人は解雇され、スパイ容疑を疑われた教師や仏教関係者、新聞記者ら約400人がサンド島に収容された。米本土では日系人全員が強制収容所に送られ、全財産が没収された。戦争相手国のドイツ人、イタリア人も日本人と同じように「敵性外国人」とされたが、収容施設送りとなったのは日系移民だけだった。明らかな人種差別であった。

しかし、米陸軍は1942年5月、戦況の変化の中で日系人だけの部隊編成を決定し、「第100歩兵大隊」と名付けて戦闘訓練のため米本土に派遣した。急づくりの同大隊は上部組織の連隊や師団を持たない事実上の〝私生児大隊〟だった。転機が訪れたのは、ルーズベルト大統領が日系2世だけの部隊結成を承認し、1943年2月に「第442歩兵連隊」を発足させたことだった。部隊編成は「歩兵連隊」、「工兵中隊」「野戦砲大隊」からなり、約4000人の〝2世義勇兵〟を募集した。第100歩兵大隊は、その後、第442歩兵連隊に吸収された。

当時、ハワイ大学医学部の一年生だったダニエル・イノウエは、当然のごとく志願した。ハワイでは日系2世が「徴兵局」へ殺到し、初日だけで1000人近くが志願したという。兵員はハワイ諸島の1500人、米本土の2500人が目標であったが、米本土からの日系人志願者は少なく1200人にとどまり、残りはハワイ日系人が占めた。ところが、イノウエは第一次募集の志願で不合格となってしまう。その後の審査で採用されたが、採用志願兵2688人のうちイノウエは2685番、つまりほとんどビリで滑り込んだ。志願した理由について、イノウエは「名誉の問題」と答えたが、自伝には「俺たちは二つの戦いを戦っている。アメリカに代表される民主主義のためと、そのアメリカにおいて俺たちへの偏見差別だ」と記している。

「ゴー・フォー・ブローク」が合言葉

「ゴー・フォー・ブローク」(Go for broke)が第442歩兵連隊の合言葉だった。「当たって砕けろ!」という意味で、実はとばく場でサイコロを転がす時に発せられたハワイ特有のスラングだった。イノウエもサイコロ賭博好きであった。連隊の肩章は、日章旗を思わせる白と赤の縁取りで、青の地色に高々と自由の炬火をかざす白い手であった。第442歩兵連隊が長期の戦闘訓練を終えて欧州戦線に投入されたのは1944年1月だったが、終戦までの短期間に米陸軍で最も多くの勲章もらった部隊となった。その戦勲で語り草となっているのは、フランスのボージュ山脈の森林地帯でドイツ軍に包囲され全滅寸前だった「テキサス軍団」約1000人の兵を救出した作戦である。ドイツ軍による大砲の一斉射撃、多数の路上の障害物、機関銃の嵐の中で米軍の死傷者比率は50％に達し、テキサス軍団には士官も小隊長もいない中隊が出るという苦戦をしられた。応援に駆け付けた第442歩兵連隊も多くの死傷者を出し、悪夢のような激戦のために後年、神経戦闘症に苦しむ兵士が続出した。イノウエが所属したE中隊も正規定数197人のうちまともに歩ける兵は40人しかいなくなっていた。「悲しみの戦い」と言われ、ダニエル・イノウエは戦後、テキサスの名誉市民に列せられ、リンドン・ジョンソン大統領と親交を結ぶきっかけとなった。終戦を迎えた時日系2世部隊は最終的に700人の死者を含む3700人が死傷し、イノウエを含む1700人の兵士に身体障碍が残った。

日系兵士は戦場でやたらと「大和魂」という言葉を使ったという。昭和の高度経済成長時代、日本でデビューしたハワイ出身のプロボクシング選手・藤猛（ポール・フジ）は勝つたびに「ヤマトダマシイ」とコメントし、流行語になったこともあった。イノウエは出征前、父親から「恩を忘れるな」、「家名を汚すな」と言われたが、多くの日系2世が明治時代の日本人の倫理観を大切にし、同時に引きずっていた。戦場でゼロ・アワー（突撃）になると、2世部隊は全員が立ち上がって突撃し、傷ついた仲間を置き去りにすることはなかったという。彼らは戦場で決して振り向かなかった。それが「ゴー・フォー・ブローク」であった。

北部イタリア戦線で右腕を失う

ダニエル・イノウエは戦争で一兵卒から大尉にまで昇進し、殊勲十字章など5つの勲章を受けた武功の英雄である。だが、北部イタリアでのドイツ軍との激戦で負傷し、最後に右腕を失った。1945年4月21日、北イタリアのポー川流域の町アラウ近くでの戦闘であった。戦局は大詰めで、直前の4月12日にルーズベルト大統領が63歳で死去し、3週間後の5月8日にドイツが無条件降伏した。欧州終戦直前の本当に最後の戦闘でイノウエは負傷したのだった。

アラウでの激戦では、黒人主力の米第3大隊がドイツ軍に幾度も攻撃を仕掛けたが、撃退され続けていた。イノウエら第442歩兵連隊はそんな激戦地に投入された。だが、イノウエは戦闘の直前に、大事にしていたお守りを落としてしまう。失くしたのは銀貨で、それは以前にドイツ軍の銃弾が当たり今にも二つに割れそうになっていた、命を救った奇跡のお守り銀貨であった。しかも、なくすはずのない野戦用の上着も行軍の小休止の時に忘れ紛失してしまう。不吉な予感があった。

戦闘でダニエル・イノウエはドイツ軍の掩蔽壕《えんぺい》の機関銃を目掛け手榴弾を投げて見事に吹っ飛ばしたが、その時に足を撃たれ負傷した。血を流しながらさらに　もう一つの機関銃に2発の手榴弾を投げ込み、3番目の機関銃に突撃した。「当たって砕けろ!」である。自伝によると、イノウエは10ヤード（9・1m）しか離れていない距離から小銃を向けるドイツ兵に手榴弾を投げようとした。その瞬間、小銃擲弾《てきだん》が右ひじにバシッと当たりほとんど片腕をもぎ取られてしまった。「私は、そこに目をやった。愕然《がくぜん》として何も信じられなかった。血だらけの二、三本の腱で片腕はひじのところでぶらぶらしているが、手榴弾は相変わらずギュッとつかんだままだった」と生々しく語っている。

さらにイノウエは、もう1発の銃弾を右脚に受けて地面に倒れ込んだ。痛みと恐怖から衛生兵に「腕を切り落としてくれ」と懇願したが、相手は「だめだ」と言い放った。モルヒネ注射で激痛から来る悲鳴も収まったが、「もう医者にはなれない」と思い知ったという。その後、ドイツ軍の抵抗は9日間で終わり、ドイツは1945年5月7日にフランス・ランスで、5月8日ベルリンで無条件降伏した。

イノウエは負傷で中尉に昇進し、名誉勲章を受章した。その後1年半にわたる治療、リハビリに専念しハワイに戻ると、戦歴のある日系人に与えられた無料の大学教育支援である「GIビル」でハワイ大学に復学した。だが、義手は終生つけなかった。

政治家への道

イノウエは1950年ハワイ大学を卒業し、さらにワシントンのジョージワシントン大学大学院を53年に卒業し法学士になった。右腕を失い医師の道をあきらめ司法試験に合格し政治家を志した。イノウエと同じハワイ大学医学部に在籍していた48人も兵役志願したが、その同窓の大半が死傷し、戦後医師になった者はいなかったという。そして、イノウエは1954年、半世紀近く共和党が多数派を占めてきたハワイ準州の下院選挙で民主党から立候補し当選した。さらにハワイは1959年8月に50番目の「州」に昇格したが、その前年に行われた特別選挙でもイノウエは日系人として初めて連邦議会の下院議員に選出された。掲げた政治目標は「西側諸国とアジアの懸け橋になる」であった。

1962年には連邦上院議員に初当選し、米誌『ライフ』などに英雄として紹介され知名度が上がったが、イノウエは「英雄だと思ったことはない」と言い続けた。ニクソン大統領による盗聴事件である「ウォーターゲイト」事件（1972年）の時には、その高潔さとクリーンさによって特別調査委員会の7委員の一人に任命された。民主党の上院院内総務として永年にわたり議会の重責を果たしたイノウエが、日系人社会の結束を強め、経済摩擦が高まる日米間の人的交流を支え続けたのは言うまでもない。

イノウエは下院議員に初当選したとき、下院議長から「右手を挙げて、私の後を繰り返しなさい」と宣誓を求められた。それが議会規則だったからだ

米国国会議事堂（筆者撮影）

が、イノウエは左手を挙げた。議場は静まり返った。そこで、青年議員イノウエは宣誓し、発言した。

「議長、右手がないのです。第２次世界大戦の時、戦いのさなかに右手を失ってしまったのです」

２羽の鶴に絡まる有刺鉄線

ワシントンのホワイトハウスから遠くないところに「全米日系米国人記念碑」(National Japanese American Memorial Foundation)がある。第２次世界大戦中に日系移民が強制収容所に送り込まれた苦難を象徴する記念碑で、有刺鉄線が絡まった2羽の鶴のブロンズ像が立っている。目立たないので、見逃してしまいそうなモニュメントだ。一度訪れたが、日本人向けの一般的な観光コースには含まれておらず、訪れる観光客もほとんどいなかった。しかも、その像は2羽の鶴が有刺鉄線に巻かれ、モニュメントとしては痛々しくグロテスクに見えた。周囲の壁には全米10か所の強制収容所名と収容人数、米国のために戦死した日系人の名前が刻まれていた。収容された日系人は12万人にのぼる。その中には、マイク・ホンダ下院議員(民主党)、ノーマン・ミネタ元運輸長官、米・カナダの日本人捕虜救済に尽力した社会学者のゴードン・ヒラバヤシ、

全米日系米国人記念碑（ワシントン、筆者撮影）

芸術家のイサム・ノグチ、映画『スタートレック』に出演し有名になった日系俳優ジョージ・タケイ、収容施設内の日系人の実像を写真に記録した宮武東洋らがいた。

戦後46年目の１９８８年6月、当時のレーガン大統領は日系人の強制収容の非を認め謝罪し賠償をした。レーガン大統領のその時の言葉が、「全米日系人記念碑」の脇にある池のふちに刻まれていた。「我々は過ちを認める。国として法の下では平等であることを断言する」(Here We Admit A Wrong. Here We Affirm our commitment As Nation to Equal Justice Under the Law) と。

真珠湾攻撃から75年目の２０１６年12月、当時の安倍首相はオバマ大統領とともに真珠湾を訪問し慰霊した。日本の首相の真珠湾訪問は戦後初であり、安倍首相は「アリゾナ記念館」を臨むふ頭で、日米両国が〝希望の同盟〟になったのは、「寛容な心がもたらした『和解の力』である」と声高に演説した。オバマ大統領は、「人間は歴史を選ぶことはできない。しかし、その歴史から何かを学ぶことができる」と呼びかけた。しかしながら、激動の戦後史の中で日米友好に尽力したダニエル・イノウエはすでに他界して、その場に姿はなかった。「リメンバー・パールハーバー」は米国人にとって忘れられぬ歴史的な言葉だが、日本では真珠湾自体が「歴史」ではなく「記憶」のかなたの遠景と化している。

あとがき

本書に収めた出来事や物語は、海外向け報道や現場取材、さらには対外発信事業との関わりの中で、確認と寄り道を繰り返しながら積み上げてきた25編の話である。多くは既視感のある話で、忘れられていただけなのかもしれない。また、取材もさることながら、その多くは研究者や作家の多数の著作、さらには登場人物自身の回想録などをかなり参考にさせていただいているので、まずはそのことに感謝を申し上げなければならない。しかし、事績や足跡を調べ、気になる逸話を拾い上げながら物語を再構成していくうちに目の前の光景がどんどん変化していった。異なる時代が出来事の枠を超えて絡み合い、国境を越えた空間が縦横に広がり、異郷の人々が時代の枠に閉じ込められることなく宿命の糸でつながれたように交差していったことだった。

登場する人々に共通するのは、否応なく押し寄せるグローバルな変化の流れの中で、試行錯誤を繰り返しながら、偏見や因習に足を掬われることなく生き抜いてきた姿であった。政治や経済の世界が主戦場であっても、そうした人々は自分が背負っている文化のより深い部分に鋭敏に反応することによって、多様な世界の間の懸け橋的な役割を担ってきたのだった。

ドイツの哲学者フリードリヒ・ニーチェは「歴史の知識は人を〝白髪〟にするだけ」と皮肉を込

めて言った。歴史を好まなかったフランスの詩人で小説家のポール・ヴァレリーは「歴史は厳密には何事も教えない。なぜなら、それはすべてを含み、すべての実例を教えるから」（『現代世界の考察』）と表現した。しかし、人間は生きていくうえで、おかしかろうが、悲しかろうが物語をいつも必要としている。しかも、物語は人々の思い出や記憶から必ず始まる。歴史もその基になるのは過去にまつわる記憶や思い出に他ならない。そう思いながら、様々な越境者の物語を追い続けているうちに、日本は敗戦から75年以上も経過するのに、その戦後は大事なことを思い浮かべることを疎《おろそ》かにした「記憶喪失」のような時代であったのではないかという想いを強くした。

もちろん、記憶は記録ではない。しかも記憶は目に見える形で存在しているわけでもない。記憶は過行く時間とともに薄れ、やがて忘却の世界に沈潜していく。時には、記憶が曖昧であてにならないがゆえに偽りの記憶をつくり出すこともあるだろう。それでも、やはり人間は記憶に生きる。ある日、ある瞬間に突然に記憶が蘇り、それと同時に自分の生きていた時空が脳裏を駆け巡り、その瞬間やその時代の感情や気分が呼び戻される。記憶は消えないし、歴史も消えない。そして、時代を超える大きな記憶は、個々人の中で完結するのではなく、時代や世代を超えて多くの人々に語り継がれていく。

本書のきっかけは、公益財団法人「統計情報研究開発センター」が発行している統計と情報の専門誌「ＥＳＴＲＥＬＡ（エストレーラ）」に連載の機会を提供してもらったことにあった。統計とは全く異質な「越境者たち」の物語を約3年も連載させていただいたことに感謝するとともに、特に同公益財団の上杉正健理事長、久布白豊前専務理事、會田雅人現専務理事、さらにはきめ細かな校正・校閲を担当された山根亜紀子様に心よりお礼を申し上げたい。また、出版にあたっては、時事通信社時代の友人で元東洋大学教授の信太謙三氏の助言と支援を賜ったことを明記して感謝の意を表したい。

取材では、朝鮮通信使の案内をしていただいた故金両基元静岡県立大学教授、杉原千畝の名誉回復を熱く語っていただいた鈴木宗男参議院議員、ハナミズキの現場となった都立園芸高校の関係者の方々、ロシアのプチャーチン提督ゆかりの地である静岡県下田市の「玉泉寺」住職、「ニコライ堂」の日本人司祭、日系二世のダニエル・イノウエ議員夫人アイリーン・イノウエさんら数多く方々のご協力を賜ったことに改めてお礼を申し上げます。そして、執筆を静かに見守ってくれた妻圭子にも感謝の気持ちを。連載を加筆、編集するに当たって図書出版花伝社編集部に大変お世話になりました。

お読みいただいた方はお気付きでしょうが、本書には女性が主役の物語がありません。機会があれば、国境を越えて「逆境の時代を突き抜けた女性」の物語をゆっくり辿《たど》ってみたいと思う次第です。

原野　城治

参考文献

まえがき

カズオ・イシグロ（２００１）『遠い山なみの光』早川書房

１章　有隣への長き道

●朝鮮通信使に見る善隣友好外交

中尾宏（２００７）『朝鮮通信使――江戸日本の誠信外交』岩波新書

鈴木輝一郎（１９９６）『国書偽造』新潮社

大石学（２００９）『江戸の外交戦略』角川書店

白石隆（２０００）『海の帝国アジアをどう考えるか』中央公論社

福山市鞆の浦歴史民俗資料館（１９９０）『特別展覧　朝鮮通信使と福山藩港・鞆の浦』

●沈壽官と連行された朝鮮人陶工

大石学（２００９）『江戸の外交戦略』角川選書

中尾宏（２００７）『朝鮮通信使――江戸日本の誠信外交』岩波書店

金ヶ江三兵衛ホームページ（http://toso-lcsanpei.com/index.html）

志賀直邦（２０１６）『民藝の歴史』ちくま学芸文庫

司馬遼太郎（１９６８）『故郷忘じがたく候』文藝春秋

２章　戦時下の救済

●杉原千畝とユダヤ人救済

杉原幸子（１９９３）『新版六千人の命のビザ』大正出版

白石仁章（２０１１）『諜報の天才杉原千畝』新潮社

白石仁章（２０１５）『戦争と諜報外交杉原千畝たちの時代』角川選書

杉原千畝記念館ホームページ（http://www.sugihara-museum.jp/about/）

●「杉原ビザ」への旧ソ連の対応

芝健介（２００８）『ホロコーストナチスによるユダヤ人大量殺戮の全貌』中公新書

３章　シベリアにさ迷う子どもを救った二つの救出劇

●ポーランド孤児、日米連携で救出

北室南苑編（２０１７）『陽明丸と８００人の子供たち――日露米をつなぐ奇跡の救出作戦』並木書房

兵藤長雄（１９９８）『善意の架け橋――ポーランド魂とやまと心』文藝春秋社

和田春樹編（２００２）『ロシア史』山川出版社

●埋もれていた人道の船「陽明丸」

北室南苑編（２０１７）『陽明丸と８００人の子供たち――日露米をつなぐ奇跡の救出作戦』並木書房

細谷雄一（２０１５）『歴史認識とは何か――日露戦争からアジア太平洋戦争まで』新潮社

4章　開国と太平洋時代

●ジョン万次郎と「英語の世紀」

宮永孝（1994）『ジョン・マンと呼ばれた男――漂流民中浜万次郎の生涯』集英社

永国淳哉編（1992）『ジョン万次郎のすべて』人物往来社

マーギー・プロイス（2012）『ジョン万次郎　海を渡ったサムライ魂』集英社

●万次郎が着眼した「小笠原諸島」の戦略性

中濱武彦（2018）『ネバー・ギブアップジョン万次郎』KKロングセラー

宮永孝（1994）『ジョン・マンと呼ばれた男――漂流民中浜万次郎の生涯』集英社

永国淳哉編（1992）『ジョン万次郎のすべて』新人物往来社

塩田光喜（2014）『太平洋文明航海記』明石書店

土屋大洋編（2018）『アメリカ太平洋軍の研究――インド・太平洋の安全保障』千倉書房

マギー・プロイス（2012）「ジョン万次郎　海を渡ったサムライ」集英社

5章　二つの海難事故

●プチャーチン来航と安政東海大地震

白石仁章（2010）『プチャーチン日本人が一番好きなロシア人』新人物往来社

井上靖（1966）『おろしや国酔夢譚』文藝春秋

イワン・ゴンチャロフ（1969）『日本渡航記』雄松堂書店

谷本晃久（2014）『近藤重蔵と近藤富蔵』山川出版社

●「エルトゥールル号」遭難事件と山田寅次郎

和多利月子（2017）『明治の男子は星の数ほど夢を見た』産学社

山田邦紀・坂本俊夫（2009）『明治の快男児トルコへ跳ぶ』現代書館

松谷浩尚（1998）『イスタンブールを愛した人々――エピソードで綴る激動のトルコ』中公新書

小松香織（2004）『オスマン帝国の近代と海軍』山川出版社

6章　イスラムとロシア正教

●モスク「東京ジャーミイ」と日本のイスラム

宗教法人 日本・ディヤーナト編『伝統と未来の交差点　東京ジャーミイ・トルコ文化センター』

村上信夫（2002）『私の履歴書　帝国ホテル厨房物語』日本経済新聞社

店田廣文（2015）『日本のモスク　滞日ムスリムの社会的活動』山川出版社

池内恵（2019）「日本の『こころ教』とイスラーム『神の法』」（『中央公論』2019年1月号）

小村明子（2019）『日本のイスラーム　歴史・宗教・文化を読み解く』朝日新聞出版

●聖ニコライ、明治時代に最も有名だった外国人

中村健之介（1996）『宣教師ニコライと明治日本』岩波新書
中村健之介（2011）『宣教師ニコライとその時代』講談社
司祭パウエル及川信（2008）『日本正教会の歴史――日本の光照者亜使徒聖ニコライの歩み』日本ハリストス正教会教団
麻田雅文（2018）『日露近代史戦争と平和の百年』講談社
司馬遼太郎（2005）『街道をゆく（15）北海道の諸道』朝日新聞出版

7章　東アジア、絆としがらみ

●〝中国の国父〟孫文を支えた盟友・梅屋庄吉

読売新聞西部本社編（2002）『盟約ニテ成セル梅屋庄吉と孫文』海鳥社
小坂文乃（2012）『梅屋庄吉の生涯―長崎・上海で孫文と庄吉の足跡を探す』長崎文献社
深町英夫（2016）『孫文――近代化の岐路』岩波書店
小坂文乃（2009）『革命をプロデュースした日本人　評伝梅屋庄吉』講談社
宮崎滔天（1993）『三十三年の夢』岩波書店

●日台の絆、「烏山頭ダム」を造った八田與一

齊藤充功（2009）『日台の架け橋・百年ダムを造った男』時事通信社
古川勝三（2009）『台湾を愛した日本人（改訂版）土木技師八田與一の生涯』創風社出版
司馬遼太郎（1994）『街道をゆく40　台湾紀行』朝日新聞社
新井一二三（2019）『台湾物語「麗しの島」の過去・現在・未来』筑摩書房

8章　インド独立運動と日本

●「インドカリー」と亡命独立運動家ボース

中島岳志（2005）『中村屋のボース　インド独立運動と近代日本のアジア主義』白水社
樋口哲子（2008）『父ボース　追憶のなかのアジアと日本』白水社
日暮吉延（2008）『東京裁判』講談社
中島岳志（2012）『パール判事　東京裁判と絶対平和主義』白水社

●〝もう一人のボース〟とインパール作戦

戸部良一ほか（1991）『失敗の本質――日本軍の組織論的研究』中央公論新社
藤原岩市（2012）『F機関』バジリコ
久山忍（2018）『インパール作戦　悲劇の構図』潮書房光人新社
武藤友治（1995）『インド万華鏡』サイマル出版会
岡部伸（2016）「チャンドラ・ボースの遺族が語る「インド独立と日本の絆」」（Voice　2016年9月号）

9章　感染症対策とドイツ留学

●細菌学者・北里柴三郎の栄光と苦節

福田眞人（2008）『北里柴三郎――熱と誠があれば』ミネル

ヴァ書房
渡辺淳一（1979）『遠き落日』角川書店
大村智監修（2003）『生命科学の原点はそこにあった 生誕150年記念 北里柴三郎』社団法人北里研究所
ウィリアム・H・マクニール（2007）『疫病と世界史』（上下）中央公論社
荒木肇（2001）『脚気と軍隊』並木書房

●後藤新平、科学的調査が裏付けた〝構想力〟

星亮一（2005）『後藤新平伝 未来を見つめて生きた明治人』平凡社
後藤新平歿八十周年記念事業実行委員会編（2009）『官僚政治』藤原書店
北岡伸一（1988）『後藤新平 外交とヴィジョン』中央公論社
杉森久英（1965）『大風呂敷』（上下）毎日新聞社
越澤明（2011）『後藤新平 大震災と帝都復興』ちくま新書

10章 芸術都パリに織りなした波乱の生涯

●戦争を背負った天才画家・藤田嗣治のパリ

藤田嗣治（1984）『腕一本《ブラ》・巴里の横顔』講談社
藤田嗣治（1984）『藤田嗣治随筆集 地を泳ぐ』講談社
藤田嗣治 林洋子編（2018）『藤田嗣治 戦時下に書く 新聞・雑誌寄稿集 1935～1956年』ミネルヴァ書房
湯原かの子（2004）『藤田嗣治 パリからの恋文』新潮社
布施英利（2018）『藤田嗣治がわかれば絵画がわかる』NHK出版
東京都美術館編（2018）図録『没後50年 藤田嗣治展』朝日新聞社・NHKプロモーション
長谷川徳七（2009）『画商の「眼」力——真贋をいかにして見抜くのか』講談社
シルビー・ビュイッソン、ドミニック・ビュイッソン（1987）『La vie et l'œuvre de LÉONARD-TSUGUHARU FOUJITA』（「レオナール・ツグハル・フジタの生涯と作品」ACR Édition）

●薩摩治郎八、「パリ日本館」と狂騒の1920年代

薩摩治郎八（1991）『せ・し・ぼん わが半生の夢』（改訂新版）山文社
村上紀史郎（2009）『「バロン・サツマ」と呼ばれた男』藤原書店
小林茂（2010）『薩摩治郎八 パリ日本館こそわがいのち』ミネルヴァ書房
鹿島茂（2011）『蕩尽王、パリをゆく 薩摩治郎八伝』新潮社
獅子文六（1967）『但馬太郎治伝』新潮社
藤原義江（1998）『藤原義江——流転七十五年 オペラと恋の半生』日本図書センター

11章 対外発信の先兵たち

●戦後国際交流の礎を築いた松本重治

松本重治（1974-75）『上海時代——ジャーナリストの回想』（中公新書全3巻）中央公論社

松本重治（1992）『聞書・わが心の自叙伝』講談社
ハル・松方 E・ライシャワー（1987）『絹と武士』文藝春秋社
開米潤（2009）『松本重治伝 最後のリベラリスト』藤原書店
田邊純（2018）『松方三郎とその時代』新聞通信調査会
松本洋（2008）『地球建築士――国際交流・協力の五十年』柏艪舎
ハル・松方・ライシャワー（1987）『絹と武士』文藝春秋社

●フォト・ジャーナリズムの先駆者：名取洋之助

三神真彦（1988）『わがままいっぱい名取洋之助』筑摩書房
白山眞理（2014）『名取洋之助 報道写真とグラフィックデザインの開拓者』平凡社
名取洋之助（1963）『写真の読みかた』岩波書店
都築政昭（1998）『火柱の人 土門拳』近代文芸社
島原学（2013）『日本写真史』（上下）岩波書店
日本カメラ博物館編（2019）『カメラとにっぽん 写真家と機材の180年史』国書刊行会
名取洋之助（1978）『名取洋之助の仕事＝大日本』西武美術館
白山真理ほか編（2013）『「日本工房」が見た日本――1930年代』JCIIフォトサロン

12章 日米の懸け橋

●通商立国の先駆者〝モリムラ・ブラザーズ〟の活躍

森村市左衛門（1912）『獨立自營』実業之日本社
砂川幸雄（1998）『森村市左衛門の無欲の生涯』草思社
阪田安雄編（2009）『国際ビジネスマンの誕生 日米経済関係の開拓者』東京堂出版
大森一宏（2008）『森村市左衛門 通商立国日本の担い手（評伝・日本の経済思想）』日本経済評論社
福沢諭吉（2011）『福翁自伝現代語訳』（齋藤孝編訳）筑摩書房

●ポトマックの「桜」と世田谷の「ハナミズキ」

エリザ・シドモア（2002）『シドモア日本紀行 明治の人力車ツアー』講談社
外崎克久（1998）『ポトマックの桜物語 太平洋の虹とならん』鳥影社
飯沼和正、菅野富夫（2000）『高峰譲吉の生涯 アドレナリン発見の真実』あさひ新聞出版

●二つの戦いを生きた日系2世 ダニエル・イノウエ

ダニエル・イノウエ（1989）『上院議員ダニエル・イノウエ自伝 ワシントンへの道』彩流社（「Journey to Washington」）
ビリ・ホソカワ（1971）『二世――このおとなしいアメリカ人』（井上勇訳）時事通信社
村山有（1964）『アメリカ二世 その苦難の歴史』時事通信社
加藤新一（1962）『アメリカ移民百年史』（上下）時事通信社
ドウス昌代（1983）『ブリエアの解放者たち』文藝春秋
ドウス昌代（1985）『ハワイに翔けた女 火の島に生きた請負師・岩崎田鶴子』文藝春秋
塩出浩之（2015）『越境者の政治史――アジア太平洋における日本人の移民と植民』名古屋大学出版会

原野城治（はらの・じょうじ）
1948年広島県生まれ。1972年上智大学文学部英文科卒。同年、時事通信社入社、政治部記者。首相官邸、自民党、外務、防衛各省担当、パリ特派員、編集委員、解説委員、秘書部長、編集局次長を経て、2003年株式会社ジャパンエコー社代表取締役、2011年一般財団法人ニッポンドットコム理事長、16年以降株式会社ジャパンエコー社代表取締役（再任）。公益財団法人日本国際問題研究所評議員、公益財団法人統計情報研究開発センター評議員、日本記者クラブ会員。2008年日伊文化協力でイタリア連帯の星勲章「カヴァリエーレ章」受章。2009年TBS番組コメンテーター。著書に『日本の発言力と対外発信　「静かなる有事」を超えて』（ホルス出版、2018年）。

【カバー写真】
右上から順に
山田寅次郎（提供：山田家）
ダニエル・イノウエ（出典：Wikipedia, First Lt Daniel Inouye）
松本重治（出典：Wikipedia, ShigeharuMATSUMOTO2）
左上から順に
ラス・ビハリ・ボース（提供：株式会社中村屋）
八田與一（出典：金沢ふるさと偉人館ホームページ https://www.kanazawa-museum.jp/ijin/index.html）
聖ニコライ（出典：Wikipedia, Nicholas of Japan）

国境なき時代を生きる——忘じがたき記憶の物語

2021年5月25日　初版第1刷発行

著者 ——原野城治
発行者 ——平田　勝
発行 ——花伝社
発売 ——共栄書房
〒101-0065　東京都千代田区西神田2-5-11出版輸送ビル2F
電話　03-3263-3813
FAX　03-3239-8272
E-mail　info@kadensha.net
URL　http://www.kadensha.net
振替 ——00140-6-59661
装幀 ——黒瀬章夫（ナカグログラフ）
印刷・製本——中央精版印刷株式会社

ISBN978-4-7634-0966-9 C0036